岩 波 文 庫

34-007-8

寛容についての手紙

ジョン・ロック 著
加 藤 節
李 静 和 訳

JN210318

岩 波 書 店

John Locke

A LETTER CONCERNING TOLERATION

1689

凡　例

一　本書は John Locke, *Epistola de Tolerantia*, Gouda, Holland, 1689（ラテン語版テキスト）を、W・ポップル（William Popple）が序言を付して英訳した *A Letter Concerning Toleration*, London, 1689 の全訳である。底本には、一六八九年刊行の初版を基礎としながら、一六九〇年刊行の第二版における修正を加味した *The Works of John Locke*, A New Edition Corrected, London, Thomas Tegg, etc., 1823 Vol. 6, pp. 2-58 所収のテキストを用いた。

また、John Locke, *Epistola de Tolerantia; A Letter on Toleration*, edit. R. Klibansky and trans. J. W. Gough, Oxford, 1968 所収のラテン語版とその英訳、John Locke, *A Letter Concerning Toleration and Other Writings*, edit. M. Goldie, Indianapolis, 2010 所収の英語版、*Locke on Toleration*, edit. R. Vernon, Cambridge, 2010 所収の M. Silverthorne による英訳、John Locke, *Lettre sur la tolérance*, éd. R. Klibansky et trad. R. Polin, Paris, 1965 所収の仏訳を参照した。

一　翻訳に当たっては、以下の先行訳を参考にした。生松敬三訳『寛容についての書簡』(『世界の名著27　ロック　ヒューム』中央公論社、一九六八年、所収)、平野耿訳『寛容についての書簡』(朝日出版社、一九七一年)、野沢協訳『寛容についての手紙』(『ピエール・ベール関連資料集　補巻　良心の自由』法政大学出版局、二〇一五年、所収)。生松訳はポップル訳を底本としたもの、平野訳は上記のラテン語版テキストを、野沢訳は一七一〇年刊行のフランス語訳を訳出したものである。

一　底本には章や節や見出しがないため、適宜、改行や一行あけを施した。

一　著者による補説は( )で、訳者によるそれは〔 〕で示した。

一　聖書からの引用は、主に『文語訳　旧約聖書』(岩波文庫、二〇一五年)、『文語訳新約聖書』(岩波文庫、二〇一四年)に拠った。なお旧仮名遣いを新仮名遣いに改め、文体を現代風に改めた箇所がある。聖職者の名は『岩波キリスト教辞典』(二〇〇二年)を参照した。

一　訳註は、通し番号を付し、巻末に置いた。訳註の作成には、底本以外の上記各テキストにある編者や訳者の註、特に上記 Goldie と Gough とによる註に助けられた。

目　次

寛容についての手紙

野沢協先生に捧げる

読者に

以下の『寛容についての手紙』は、本〔一六八九〕年、まずオランダにおいてラテン語で出版され、その後、もうすでにオランダ語とフランス語とに翻訳されている(1)。このように、広くまた早く世に認められたことからみて、この『手紙』はイングランドにおいても好意的に受け容れられることを約束されているといってよいであろう。実際、私が思うに、世界のなかで、わがイングランドにおいてほど、これまでにこの〔寛容という〕主題について多くの議論がなされてきた国(2)はない。しかし、それにもかかわらず、イングランド国民(3)ほど、その点について何かもっと多くのことが語られ、またなされることを必要としている人々がほかにいないことも確かなのである。

わが国の政権(4)は、これまで、宗教の問題に関して党派的であった。しかし、それだけではなく、政権側の党派性の下で苦しめられ、それゆえに、著述によって自らの権利と自由とを擁護しようと努めてきた人々もまた、ほとんどの場合、自分たちの教派(5)

の利益だけに適《かな》う狭隘《きょうあい》な諸原理にもとづいてそれを行ってきたのである。

このように、いずれの側においても偏狭な精神しかなかったことが、疑いもなく、わが国の悲惨さと混乱との主要な誘因であった。しかし、誘因が何であったにせよ、今こそ、その完全なる治癒策を探し求めるべき潮時である。われわれは、騒乱のなかでこれまで用いられてきたものよりも、もっと寛大な治療法を必要としている。その作用をなしうるものは、われわれの間でこれまで実施され、また企図されてきた信仰自由の宣言(6)でも、包容政策令(7)でもない。前者は害悪を軽減するにすぎず、後者は害悪を増大させるだけであろう。

絶対的な自由、公正にして真なる自由、平等で不偏不党の自由、これこそ、われわれが必要としているものなのである(8)。たしかに、これについてはこれまでに多くのことが語られてきたにもかかわらず、私は、それが十分には理解されていないのではないかと思う。そのような自由が、統治者によって人民一般に対して実行されていると も、また、人民のなかの国教会に異を唱える諸党派(9)によって相互に実行されていると も、とうてい考えられないのである。

それゆえ、私としては、そうした〔寛容をめぐる〕主題を扱ったこの論稿、簡潔にではあるものの、扱うことがらの公平性と実行可能性とを、これまでにわれわれが目にしてきたいかなるものよりも正確に論証してくれているこの論稿が、党派の利益よりも公共の利益を優先させるような大きな心をもつすべての人々によって、この上なく時宜に適ったものとみなされるよう希望せざるをえない。

私が、この論稿をわれわれの言葉へと翻訳したのは、すでにそうした精神をもっている人の用に供するため、また、そうではない人々には、そういう〔大きな〕精神をもってもらうように仕向けるためである。しかし、作品自体は大変短いものだから、これ以上長い序文は不適切であろう。それゆえ、私としてはこれまでにして、この作品をわが国の人々の考察に委ね、彼らがそれの意図を生かして十分に活用してくれるよう心からお願いすることにしたい(10)。

拝啓

貴方が、宗教上の異なった信仰を公にしているキリスト教徒相互の寛容について私がどう考えているかをわざわざおたずねくださいましたので、私自身は寛容こそが真の教会を特徴づける主要な印であるとみなしていると率直にお答えしなければなりません。といいますのは、ある人々[11]が、〔教会の〕場所と名称との古さや外的礼拝の華麗さを、また、他の人々[12]が教会規律の改革をいかに誇ろうとも、さらにすべての人々が自らの信仰の正統性をどんなに誇ったところで（各人は自分自身にとっては正統なのですから）、そうしたことがら、またその他この類のすべてのことは、キリストの教会の印であるよりも、むしろ人々がお互いに他に対する権力と支配とを求めていることの印であるからなのです。

たとえ誰かがこれらすべてのことがらについて正しい主張をしているとしても、もしその人が、キリスト教徒でない人々をも含む全人類への慈愛と謙虚さと善意一般とを欠いているとすれば、その人は間違いなく真のキリスト教徒たりえないということになるのです。「異邦人の王は、その民を宰《つかさ》どり、……然《さ》れど汝らは然《しか》あらざれ」とわれらが救世主は弟子たちに語っておられます（『ルカ伝』第二二章二五―二六節）。真の宗教の仕事はまったく別のことにあるのです。それが創《つく》られたのは、外面的な華麗さを打ち立てるためでも、教会の支配を手に入れるためでも、強制力を行使するためでもなく、美徳と敬虔との規則によって人々の生活を規制するためなのです。キリストの旗の下に参じようとする人は、誰であっても、何にもましてまず自分自身の欲望と悪徳とに対して戦いを挑まなければなりません。誰であれ、生活の浄らかさ、態度の純潔さ、精神の温和さと謙虚さとを欠く限り、キリスト教徒であると名乗ったところでまったく空しいことなのです。「凡《すべ》て主の名を称うる者は不義を離るべし」（『テモテ後書』第二章一九節）。

われらが主は、ペテロに対して「なんじ立ち帰りてのち兄弟たちを堅《かた》うせよ」と語っておられます（『ルカ伝』第二二章三二節）。実際、自分自身の救済には関心を払っていないようにみえる人が、たとえ私の救済に関心があるといってくれたとしても、私はとてもそれを信じられないでしょう。なぜならば、自らの胸の内にキリストの宗教を真に抱いている人でなければ、他の人をキリスト教徒にしようと真剣に心から努めることなどできないからです。福音書や使徒たちを信じる限り、いかなる人も、慈愛心なしには、また、力によってではなく愛によって働く信仰なしにはキリスト教徒にはなりえないのです。

私は、宗教を口実として他人を迫害し、拷問し、毀傷《きしょう》し、殺戮《さつりく》している人々の良心に対しておたずねしたいのですが、貴方がたは、はたしてそれを彼らへの友情や親切心からなしているのでしょうか。そうした熱烈な狂信者(13)たちが、福音書の戒律に背いて犯している明白な罪ゆえに、自分の友人や親しい知己を同じ方法で矯正しているのであれば、また、彼らが、恐るべき悪徳に染まり、改悛《かいしゅん》しなければ永遠の破滅に至る危険にさらされている自分の信仰仲間をも火や剣で迫害しているのであれば、さらにまた、彼らが、このように、拷問を加えたり、あらゆる方法で残虐行為を行ったりすることで彼ら自身の愛と救済への欲求とを表現しようとしているのであれば、その場合には、私も彼らが友情や親切心からそうしていることを信じもしましょう。けれども、それが解るまでは、(14)私にはとてもそうとは信じられないのです。

もし、彼らが人々の資産を奪い、体刑によって障害を与え、不潔な牢獄で飢えさせたり苦痛を与えたりし、ついにはその生命さえ失わせるということが、彼らのいうように慈愛の原理に発し、人々の魂への愛に出るものであるならば、また、もし、こうしたことが、すべて人々をキリスト教徒にし、そうした人々に救済をもたらすためだけに行われているのだとすれば、彼らは、どうして、使徒により『ロマ書』第一章〔二九―三二節〕ではっきりと異教徒的腐敗の臭いがするものとされている「偶像崇拝、欺瞞《ぎまん》、悪意、その他同様の罪業」が自分たちの仲間や国民の間でかくも多くはびこるのをそのまま放置しておくのでしょうか。

これらや、それに類したことが、良心にもとづいて教会の決定に反対することや、公的な礼拝からは離れても汚《けが》れなき生活を送ったりすることよりも、神の栄光や教会の純粋さに、また魂の救済にはるかに反するものであることは確かです。それなのに、神と教会と魂の救済とへのこの燃えるような熱情、文字通り火と薪束《まきたば》とで燃え盛る熱情が、どうして、キリスト教信仰に真っ向から反するものであることが誰にでも認められている、上に述べたような恐るべき悪徳と邪悪さとを懲らしめることなく見逃してしまうのでしょうか。また、その熱情の全神経が、儀式を導入したり、ほとんどが通常の理解能力を超える複雑微妙な問題に関するものである見解を確立したりすることへと向けられるのは、どうしてなのでしょうか。

これらのことがらをめぐって争っている諸党派のうちのどれが正しいのか、どれが分派や異端の罪を犯しているのか、支配する側の党派なのか苦しめられている側の党派なのかは、その分離の理由が〔神によって〕審判されるときがくれば最終的にあきらかになるでしょう。そのときに、キリストに従い、その教えを心に抱き、その軛《くびき》に耐えている者が、たとえ父母を捨て、属する国の公的な集会や儀式から離れ、その他誰を捨て何を捨てても、決して異端とされることはないでありましょう。

さて、諸教派の間の分裂が魂の救済に対する大きな妨げになるということが認められなければならないとしても、「姦通、淫行、汚穢《けがれ》、好色、偶像崇拝等々が肉の行為《おこない》であることは否定しえず」、それについては、使徒が「斯《かか》ることを行う者は神の国を嗣《つ》ぐことなし」と明示的に断言しておられます(『ガラテヤ書』第五章二一節)。ですから、心から神の国を求め、人々の間に神の国を広めるよう努めることを自らの義務だと考える人は誰でも、諸教派の撲滅を図るのに劣らぬ注意と勤勉さとをもって、そうした悪徳の根絶にも身を入れなければなりません。しかし、そうはしないで、反対に、意見を異にする人に対しては残虐で無慈悲である一方で、自らは、キリスト教徒の名にはおよそふさわしくない罪悪や不道徳にふける者があれば、その者は、いかに教会について多くを口にしたところで、自身の行動によって、求めているものが他の王国であり、神の国の興隆ではないことを明白に立証してしまうことになるのです。

他人の救済を心から願っているのに、その人を苦痛のうちに、しかも回心さえもしない状態(16)のままで死なせることを至当だと考える者がいるとしたら、私には大変に奇妙なことに思われるというほかはありませんし、誰にとってもそうなのではないかと思います。しかし、そうした態度が、慈愛心や愛や善意から生まれるなどと信じる人はよもやいないでしょう。

もし、道徳のことなどにはまったく顧慮することなく、人々は、特定の教義への信仰を告白し、あれこれの外的な礼拝に従うように火と剣とによって強制されなければならないと主張する者があるとすれば、また、もし、信じてもいないことを強いて告白させ、福音書が行うのを認めていないことを許すことによって、誤っている人を信仰へと回心させようと努めている者があるとすれば、実際、その者が自らと信仰を同じくする多くの人々からなる集会をもちたいと願っていることは疑いえないとしても、彼の主たる意図が、そうした手段によって真にキリスト教徒の教会を作ることにあるとはとても信じられません。

それゆえ、本当は真の宗教とキリストの教会とを推進しようと戦っているのではない者が、キリスト教徒の戦いにはふさわしくない武器を利用するのはなんら怪しむに足りないことなのです。もし彼らが、われらが救済の長《おさ》[17]のように、魂の幸福を心から望むのであれば、彼らは、剣やその他の力の道具によっては武装しておらず、平和の福音と会話の模範的な神聖さとを装備として施された兵士[18]を、諸国の民[19]を信従させ、彼らを自らの教会へと集合させるために派遣した平和の君[20]の歩みについて歩み、その完全な範例に従うでありましょう。これこそが、あの平和の君のやり方でありました。たとえ、不信心者が実力によって回心させられ、蒙昧《もうまい》あるいは頑迷な人々が武装した兵士によって迷誤から引き離されなければならないとしても、それは、平和の君が天上の大軍を使ってやられるほうが、いかに強力であっても教会の子が竜騎兵[21]を率いてやるよりもはるかに容易であったことは、われわれがよく知っている通りです。

宗教的なことがらについて他者と意見を異にする人々に寛容であることはイエス・

キリストの福音と人間の真正な理性とにまことによく適ったことですので、人が、寛容の必要性と利点とを明晰な光のなかで知覚できないほど盲目であることは奇怪なことだと思われます。私はここで、ある人たちの傲慢さと野心、また他の人々の激情と無慈悲な熱狂とを非難しようとは思いません。それらは、人間の世界がおそらく完全には免れることのできない欠陥なのでしょう。けれども、それらは、誰でもが、それらを何か特別な潤色なしにまともに帰せられることには耐えられず、また、実際には、どちらに向かうかわからない激情に衝き動かされているのに、それらを賞揚するふりをするといったものなのです。

しかし、ある人々が、迫害の精神や非キリスト教的な残酷さを公共の福祉(22)への配慮とか法の遵守とかと称して潤色してしまうことがなく、他の人々が、宗教を口実として、自分の放埒《ほうらつ》(23)や放縦《ほうじゅう》(24)への免責を求めることがないようにするために、一言でいえば、君主への忠誠と服従とを口実にするか、神に対する礼拝への配慮と真剣さとを口実にするかして、他人や自分を欺くことがないようにするために、私には、政治的統治(25)の任務と宗教の任務とを明確に区別し、両者の間に正しい境界線を設定することが何にもまして重要なことだと思われるのです。もしこれがなされない場合には、一方にいる人間の魂の利益[26]を気遣う人々と、他方にいる政治的共同体[27]への配慮を抱く人々との間、少なくともそういうふうに主張する人々相互の間に絶えず生じる論争を終結させることはできないでしょう。

政治的共同体とは、もっぱら各人の現世的利益[28]を確保し、維持し、促進するために構成された人間の社会のことであると私は考えます。

ここで私のいう〔人間の〕現世的利益とは、生命、自由、健康、身体的苦痛からの解放、そして貨幣、土地、家屋、家具等の外的な事物の所有のことです[29]。

このような現世に属する事物の正当な所有を、平等な法の公平な執行によって、国民全体に、また臣民の一人一人に確保させることが政治的為政者[30]の義務なのです。もしも誰かが、それらの事物の保全のために制定された公的な正義と公正との法を侵そうと考えるとすれば、そうした考えは、その者がそんなことをしなければ享受でき、また享受すべきである現世的な利益や所有物[31]を剝奪《はくだつ》し、あるいは減少させるという処罰の恐怖によって食い止められなければなりません。しかし、自分の所有物のたとえ一部でも、ましてや自らの自由や生命を剝奪されるという刑罰を喜んで受ける者など誰もおりませんので、為政者は、他人の権利を侵害する者を処罰するために、自らの臣民の実力と強さとを糾合《きゅうごう》して武装しているのです(32)。

さて、このように、為政者の全権限の範囲が現世的なことがらにしか及ばないこと、政治的な権力、権利、支配がすべてそれらのことがらの助長に配慮することに限定され制約されていること、それはいかなる形であれ魂の救済にまでは手を伸ばすことはできないし、また伸ばすべきでもないことは、以下の考察によって十分に論証されるだろうと私には思われます。

第一に、魂への配慮は、およそいかなる他者にも委ねられないものであり、政治的為政者に対しても同じように委ねられないものであるからです。それは、まさに神によって政治的為政者に与えられなかったのです。というのは、神は、誰に対しても、自分の宗教を他人に強制するような権威を一切授与しなかったからなのです。また、人民の同意(33)によってそうした権力が為政者に付与されるということもありえないことです。なぜならば、人が、自らの救済への配慮を放棄して、自分がいかなる信仰、いかなる礼拝をもつべきかの決定を、君主であれその臣民であれ、誰か他の人の選択に盲目的に任せてしまうなどということはおよそありえないことだからです。

誰しも、たとえそうしたいと思っても、自分自身の信仰を他者の命令に従わせることなどできないのです。真の宗教の生命と力とのすべては心の内で完全に納得するという点にあり、信仰は信じるということなしには信仰ではないのです。いかなる信仰告白をなし、どのような外的礼拝に従おうと、もし、われわれが、その信仰告白は真実であり、その礼拝は神の御心に適うものであるということを心の内で完全に得心していないとすれば、その信仰告白と〔礼拝という〕行いとは、われわれの救済を助長するどころか、実はそれへの大きな障害になってしまうのです。というのは、そうすることで、われわれは、宗教の実践によって罪を贖《あがな》うのではなく、全能なる神に対して、その御心に適うことのないような礼拝を捧げることにより、他の多くの罪の上に、さらに偽善と神聖なる主への冒瀆《ぼうとく》という罪を付け加えることになるからです。

第二に、魂への配慮が政治的為政者〔の権限〕に属するということはありえません。

なぜならば、彼の権力がただ外的な力にのみ存するものであるのに対して、真の、そして救済をもたらす宗教は、それなしには何ものも神には受け容れられることのない心の内的な確信のうちに存するからです。外的な力によって何ごとかを信仰するように強制されえないということが、知性の本質なのです。資産の没収、投獄、拷問といった類のことは、人々がものごとについて形成した内的な判断を変更させる上で何の効力をもたないのです。[34]

たしかに、為政者は、議論を用いて異端者を真理の道へと導き、彼らに救済を得させることができるのではないかと主張する人がいるかも知れません。私もそれを認めます。しかし、それは、他の人々の場合も同じことで、為政者に限られることではありません。理性に依拠して誤った者たちを教え、諭《さと》し、匡正《きょうせい》することを通して、為政者も善良な人間にふさわしいことをなしうるのは確かです。為政者が人間性やキリスト教を捨てることを余儀なくされるということはありません。しかし、説得することと命令すること、議論で迫ることと刑罰で強要することとはまったく別なことなのです。命令し、刑罰で強要する権利は政治権力だけがもっているものであり、説得し、議論で迫ることについては善意だけが十分な権威をもっているのです。他の人が誤り[35][36]

を犯している場合に説諭し、訓戒し、説得すること、そして、理性的な議論を通してその人を真理へと引き入れることはすべての人の務めです。しかし、法を与え、服従を受け、剣で強制することは為政者だけに属するのです。

私が、為政者の権力は、法の力によって信仰箇条や礼拝形式を制定するところまでは及ばないと断言するのは、そうした理由にもとづいてなのです。というのは、法は刑罰なしには一切の効力をもちえず、しかも、刑罰は心を説得するのに適したものではありませんので、この〔信仰箇条や礼拝形式を制定する〕場合については、刑罰はまったく不適切であるからなのです。（前にもいいましたように）いかなる信仰箇条の告白も、礼拝のいかなる外面的形式の遵奉も、それを告白し遵奉する人が、心から、その告白の真実性を信じ、その礼拝が神に受け容れられることを信じているのでない限り、魂の救済に役立つことはありえないのです。しかし、刑罰はいかにしてもそうした信仰を生みだすことはできません。人間の意見を変化させる働きをするのはただ光と明証性[37]とだけであり、しかも、その光が肉体的苦痛とか、その他の外的な刑罰から生じてくることはおよそ不可能なのです。

第三に、人間の魂の救済への配慮が、為政者の任務に属するということはありえません。なぜならば、たとえ、法の過酷さや刑罰の力が人々の心に確信を生みだし、心を変化させることができたとしても、彼らの魂の救済にそれらが役立つことはまったくないからです。というのは、ただ一つの真理、ただ一つの天国への道しかないのですから、もしも、人々が宮廷の定める宗教以外に従うべき規範をもたず、自らの良心の命令に反して理性の光を放棄し、自分たちの支配者の意志や、自分の生まれた国において無知か野心か迷信かがたまたま樹立した宗教に盲目的に身を任せるように強いられたとすれば、より多くの人々が、その一つの真理、その一つの天国へと導かれるなかで、どんな希望があるというのでしょうか。宗教上の意見が多様で相互に対立しあっているなかで、世界の諸君主も世俗的利害において(38)と同様に宗教においても分裂していますから、天国への狭き門はさらに狭められることになるでしょう。それでは、一つの国だけが正しく、世界の他の国の人々はそれぞれの君主に従って滅びへの道を歩まなければならなくなってしまうでしょうし、さらに、この上なく馬鹿げており、また神の観念にまったくふさわしくないことに、人々は、生まれ落ちた場所に応じて、永遠の幸福に与《あずか》るか永遠の悲惨に落ちるかが決まるということになってしまうでしょう(39)。

同じような議論をこれ以上続けることなく省略しても、私には、以上の考察だけで、次のような結論を下すのに十分だと思われます。すなわち、それは、政治的統治のもつ権力は、人々の現世的利益だけに関与するものであり、〔その任務は〕この世におけることがらへの配慮に限定されるものであって、来世とはまったく無関係であるということにほかなりません。

次に、教会(40)とは何かについて考えてみましょう。私は、教会とは、神に受け容れられ、また魂の救済に役立つと判断する仕方で神を公的に礼拝するために自主的に結合した人々の自発的な結社(41)であると考えます。

私は、教会とは自由で自発的な結社であるといいました。いかなる人も、生まれながらにある教会の一員であるわけではないのです。そうでなければ、両親の宗教が、現世的な資産の場合と同じように相続の権利によって子供たちに伝えられ、すべての人は土地の保有権と同様の権利によって信仰を保持するということになってしまいますが、これ以上に馬鹿げた話は考えられるでしょうか。

ですから、こういうことになります。つまり、誰しも、生来的に特定の教会や宗派に結びつけられているわけではなく、すべての人は、真に神に受け容れられる信仰告白と礼拝とがそこにはあると自ら信じる結社に自発的に参加するということなのです。各人がその共同体(42)に加わる唯一の原因は救済への希望ですから、それがまた各人がその共同体に留まる唯一の理由にもなりうるのです。なぜならば、もしも、後になって、自ら加わった結社の教義に誤りを見いだしたり、その礼拝に不適切なものを発見したりした場合、それに入ったときと同様に、自由にそこから出てはいけないわけなどないからです。宗教的結社のいかなるメンバーも、永遠の生命への確かな期待に由来するもの以外のいかなる絆によっても束縛されることはありえません。このように、教会とは、この〔永遠の生命への期待という〕目的のために自発的に結合したメンバーからなる結社なのです。

では、次に、教会はどのような権力をもち、いかなる法に従うのかということを考察してみることにしましょう。

〔学問のための哲学者の結社や商業のための商人の結社、あるいは相互の社交とおしゃべりとのための閑人の結社のような)どんなに自由で、また、いかにささやかな契機から作られた結社であってもそうであるように、いかなる教会、いかなる団体[43]も、何らかの法によって規制され、すべてのメンバーが何らかの秩序を守ることに同意しない限り、存続することも結合を維持することも決してできず、直ちに解体し、分解してしまいます。集会の場所や時間が合意されなければなりませんし、メンバーを受け容れたり排除したりするための規則も制定されなければなりません。また、役員の序列とか、通常の運営のあり方とかも決めないままにしておくわけにはいきません。しかし、すでに示しましたように、教会という結社にともにメンバーとして加わることとは完全に自由で自発的なことなのですから、その法を作る権利は結社そのものだけに、あるいは、それと同じことですが、少なくともその結社が共同の同意によってそうする権威を与えた人々の手だけに属するということになるのです。

これに対して、そうした結社も、そのなかに使徒たちに由来し、途切れることなく現在まで続いてきた支配的な権威をもつ司教[44]や長老[45]がいないとすれば真の教会とはいえないとして反対する方が、おそらくおられることと思います。

そうした方々に対して、私は次のようにお答えいたします。第一に、そうした方々には、キリストがそのような法を彼の教会に授けた布告を示していただきたいと思います。そして、これほど重要なことがらについては、たとえ私が、その布告の言葉は明瞭で疑いをさしはさむ余地のないものであることを求めたとしても、どうか不適切なことだとは考えないでいただきたいと思います。なぜならば、「二三人わが名によりて集まる所には、我もその中《うち》に在るなり」(『マタイ伝』第一八章二〇節)というキリストのわれわれへの約束は、〔先の反論とは〕反対のことを意味していると思われるからです。そうした集会[46]が真の教会に必要なものを何か欠いているかどうか、皆さん方に考えていただきたいのです。私には、魂の救済に必要なものはそこに何も欠けていないと確信をもっていえますし、われわれの目的にはそれで十分だろうと思います。

次に注視してほしいのは、神が定めた制度とか、教会における支配者の序列の持続的な継承とかといったことを強く主張される方々の間においてさえ、これまで常にいかに大きな分裂があったかということです。そうした意見の相違がある以上、われわれには、慎重に考慮する必要性が生じざるをえませんし、さらには、十分に考えた上で好ましいと思う教会を選ぶ自由が許されることにもなるといわなければなりません。

最後に、私としても、彼らが、必要であると自分たちで判断するだけの長い期間にわたる一連の継受によって確立された教会の指導者をもつことに同意はいたしますが、それも、私の魂の救済に必要なものがそこにはあると確信できる結社に自ら加わる自由を私が同時にもつ限りにおいてであります。そのようにすることで、教会の自由がすべての側の人々の間で維持されるでありましょうし、誰も、自ら選んだ人以外の立法者を自分の上に戴《いただ》かないということになるでありましょう。

しかし、真の教会ということについて人々は大変気にしているようですので、ついでにここで、そうした人々に次のようにおたずねしてみたいと思います。それは、キリストの教会にとって、その交わり(47)のための条件は、ただ、聖書において、聖霊が明白な言葉で救済に不可欠だと告げているもののうちにだけあるとするほうがよりふさわしいのではないかということです。つまり、私がおたずねしたいのは、このように考えるほうが、人々が自分自身の考案物や解釈を神の権威をもつかのように他人に押しつけたり、聖書が述べてはいないこと、また少なくとも明確には命じていないことをキリスト教の信仰告白に不可欠なものとして教会法によって定めたりすることよりも、キリストの教会にはふさわしいのではないかということなのです。キリストが永遠の生命のために求めてはいないことを教会という共同体のために要求する者は、誰でも、おそらく、自分の意見と自分の利害とに適う結社を作ったのだといわなければなりません。キリストのものではない法にもとづいて樹立され、いつの日かキリストが天の王国へと受け容れてくれるであろう人物をその共同体から排除してしまう教会を、どうしてキリストの教会と呼ぶことができるのか、私にはとても理解できないのです。

しかし、ここは真の教会の印を探究するのに適切な箇所ではありませんので、私はただ、自分たちの結社の教令(48)をきわめて熱心に主張し、エペソの銀細工師たちが彼らの女神を求めて叫んだ(49)のと同じ騒々しさで、そしておそらく同じような考え方に立って、絶えず「教会、教会」と叫んでいる人たちに対して、次のことだけを注意しておきたいと思います。すなわち、それは、福音書には、キリストの真の弟子たる者は迫害に耐えなければならないとの言明がしばしばみられるものの、しかし、キリストの教会は、他人を迫害したり、火と剣とによって教会の信仰と教義とを受け容れるように他人に強制したりすべきであるなどということは、新約聖書のどの巻にも見いだすことはできないということにほかなりません。

宗教的結社の目的は、(すでに述べましたように)神を公的に礼拝し、それによって永遠の生命を得ることにあります。すべての規律はこの目的に貢献するものでなければなりませんし、すべての教会法もその目的の範囲内に限定されなければなりません。この集まりのなかでは、現世的で地上的な物品の所有に関することがらが取り扱われてはなりませんし、また取り扱うことはできません。どんな場合であれ、そこでは実力が用いられるべきではありません。実力というものは政治的為政者に帰属するものであり、一切の外的な物品の所有はその為政者の管轄下に置かれるべきものであるからです。

しかし、ここで、教会法がなんらの強制権力をもってはならないものだとすれば、それは、どのように制定されるべきなのだろうかという疑問が呈されるかも知れません。それに対して、私は、教会法というものは、いくら外面的に告白し遵奉しても、それが心の完全な確信と承認とから出るものでない限り、まったく無用で無益なものであるといった性質をもつことがらにふさわしい方法で制定されるべきであるとお答えしたいと思います。したがいまして、〔教会という〕結社のメンバーに義務を守らせるための武器は、勧告(50)であり、説諭(51)であり、忠告(52)であるということになります。もし、こうした手段によっても、義務に違反する者を改心させることができず、また誤った者を説得することができない場合、最後に残されるのは、そのような改善の見込みがない頑固で強情な人物を、その団体から追いだし、それから切り離すことです。これが、教会のもつ権威の最終的で究極的な力なのですから、それは、結社本体と切り離されたメンバーとの間の関係を終わらせ、罪を宣告された者をその教会の構成部分ではなくさせること以外の刑罰を加えることはできないのです(53)。

〔教会をめぐる〕以上のようなことがらについてははっきりさせられたと思いますので、次に、寛容の義務はどこまで及ぶものであり、その義務によって各人に何が要求されるかを検討してみることにしましょう。

第一に、私は、いかなる教会も、寛容の義務によって、勧告を受けた後でも頑《かたく》なにその団体の法に違反し続ける者を内に抱え込むよう拘束されるわけではないと考えます。なぜならば、その法が教会への結合の条件であり、その結社の絆である以上、その法への違反がなんら非難されることなく許されるならば、教会という結社はそれによってたちまちのうちに解体してしまうからです。しかし、そうであるとはいえ、こういう場合、破門の宣告とその実施とが、放逐された人の身体や資産に何らかの損傷が加えられるような乱暴な言葉や行為によってなされないように注意が払われなければなりません。といいますのは、何度も述べてきましたように、すべての実力は為政者にのみ帰属するものであり、また、私人は、不正な暴力に対して自己防衛する場合を除いて、いかなる場合にも実力を行使してはならないからです。[54]

破門は、破門を受けた人物がそれ以前に保有していたいかなる現世的な物品をも奪うものでもなく、また奪うことができるものでもないのです。そうした現世的な物品というものは政治的統治に関係することがらであり、その保護の下にあることがらにほかなりません。破門のもつ全効力は、結社〔としての教会〕が破門に関する決定を宣告することによって結社全体と特定のメンバーとの間の結びつきが解消されるということ、そして、その関係が消滅することによって、結社がそのメンバーに与えていた、しかし、誰しもがそれに対する現世的な権利はもたないある種のことがらへの参加も終わりを迎えるということにだけあるのです。といいますのは、〔例えば〕教会の牧師(55)が、聖餐式で、破門された人に対して、その人のではなく他人のお金で買ったパンとワインとを与えることを拒否したとしても、それは、その破門された人に何らかの現世的な権利侵害を行ったことにはならないからです。

第二に、いかなる私人も、他の人物が自分とは教会や宗教を異にするからといって、その人の現世的な享有物(56)に損傷を与える権利を一切もってはおりません。人間としての、あるいは公民(57)としてのその人に属するすべての権利や特権は、不可侵のものとしてその人のうちに保持されなければなりません。それらは、宗教が関わるべきことがらではないのです。その人が、キリスト教徒であろうと異教徒であろうと、〔それらをめぐって〕彼に暴力を加えたり、権利侵害を与えたりしてはなりません。いや、私たちは、単なる正義という狭い基準に満足するのではなく、さらに、慈善、博愛、寛大さをそれに付け加えなければなりません。これは福音書が命じ、理性が指示し、われわれがそのなかに生まれ落ちた〔人間としての〕自然の仲間関係(58)が求めることなのです。もし誰かが誤って正しい道から外れたとしても、これはその人自身の不運であって、貴方に権利侵害をもたらすものではありません。ですから、貴方がたは、その人が来世において悲惨な目にあうだろうと想像されるからといって、その人に、この世のことがらに関して罰を加えてはならないのです。

宗教を異にする私人相互の間の寛容について私がこれまで語ってきたことは、私の理解では、個々の教会間の寛容についても当てはまることであり、各教会は、お互いに、私人相互の場合と同じ関係に立っています。ですから、ある一つの教会が他の教会の上にいかなる支配権をももっているわけではありません。それは、しばしばみられることですが、政治的為政者がどれかある集会の一員となっている場合でさえも同じことです。といいますのは、いかなる政治的統治も教会に対して何か新しい権利を与えることはできず、教会も政治的統治に対して何か新しい権利を与えることはできないからです。

したがいまして、為政者がある教会に加わるか、それから離れるかした場合にも、教会はその前と変わることなく、自由で自発的な結社であり続けることになります。教会は、為政者が加わることによって剣の力を獲得するわけではなく、また、為政者が離れたからといって、教化と破門との権利を失うわけでもないのです。自発的結社にとって、自らが制定した規則に違反するメンバーを排除することは根本的で変わることのない権利ですが、しかし、誰か新しいメンバーが加入したからといって、それが、加入していない人々に対する支配の権利を手にするなどということはありえないことです。ですから、平和、公正、友愛は、各私人によってと同じように、各教会によっても、お互いに他に対する優位とか支配とかを主張することなく、常に守られなければなりません。

こうしたことがらは具体例によってより明確になると思われますので、コンスタンチノープル市に、二つの教会が、すなわち、一つはアルミニウス派(60)のそれ、もう一つはカルヴァン派(61)のそれがあるとして考えてみることにしましょう。これらのうちのどちらかの教会が、自分たちとは教義や儀式を異にするからという理由で、よそでは実行されるのがよくみられるように、もう一方の教会のメンバーの資産や自由を奪う権利(62)をもっているなどという人がいるでしょうか。そんなことをすれば、トルコ人たちは、黙ってこれを傍観し、キリスト教徒はなんと非人道的な残酷さをもって〔同じ〕

キリスト教徒に対して怒りをぶつけることかと嘲笑することでしょう。

しかし、もしも、これらの教会のうちの一つが他方を悪しく扱う権力をもっているとするならば、私は、その権力はどちらの教会に、いかなる権利によって帰属するのかをおたずねしたいと思います。それへの答えは、間違いなく、誤った、あるいは異端としての教会に対して権威をふるう権利をもつのは正統な教会であるというものでしょう。これは、大仰でもっともらしい言葉を用いながら、実は何も語っていないに等しいのです。なぜならば、すべての教会は自分自身にとっては正統であり、誤っているとか異端であるとかいうのは他の教会に対してのことであるからです。どんな教会でも、それが信じているものはすべて真実であると信じており、それに反するものは誤っていると宣告するものなのです。

ですから、教義の真実性や礼拝の純粋性をめぐる教会間の論争においては、いずれもが平等の立場にあるということになりますので、その裁定によって論争に決着をつけられる裁判官は、コンスタンチノープルにも、その他地上のどこにも存在しないのです。その問題に関する裁決を下すことができるのは、やはり誤った者に罰を与えることができる全人類の至高の審判者〔である神〕だけなのです。私としては、いずれにせよ、自分たちはまったく責任を負うことのない他の主人の家僕たち(63)を無分別に、また傲慢な態度で虐待する人々には、彼らが、そうすることで、誤謬の上にとはいわないまでも、自分の高慢さの上にさらなる不正を付け加えることによって、どれだけ憎むべき罪を犯しているかを考えていただきたいと思います。

それだけではなく、さらに、それらの相互に相容れない二つの教会のいずれかが正しい道を歩んでいることが明白だとしても、それによって、正統な教会がそうではない教会の方を破壊する権利が生じるなどということはありえないことです。といいますのは、教会というものは、現世的なことがらに対する支配権をもっておりませんし、人々に心の誤りを認めさせたり、人々に真理を告げたりする上で、火や剣は決して適切な手段ではないからなのです。

しかし、ここで、政治的為政者が二つの教会のうちのいずれかに味方することにして、その教会の手に剣を渡し、(自分の同意の上で)反対者を好むままに罰することができるようにしたと仮定してみましょう。その場合、キリスト教の教会に(同じキリスト教徒の)兄弟に対する権利がトルコの皇帝から与えられたなどという人がいるでしょうか。信仰箇条をめぐってキリスト教徒を罰する権威などもってはいない一異教徒(64)が、そうした権威をキリスト教徒のいかなる結社にも与えられるものではありませんし、そもそも自分がもってもいない権利をそれに与えることなどできるはずもないのです。これが、コンスタンチノープルにおける真実なのです。そして、キリスト教国(65)においても、同じ道理が当てはまるのです。つまり、どこにおいても政治権力は政治権力であって、その権力が、キリスト教徒の君主の手にあるからといって、異教徒の手にある場合以上の権威を教会に与えることなどできないのです。つまり、それは一切の権威を与えることができないということなのです。

にもかかわらず、注視するに値することでもあり、また嘆かわしいことでもあるのは、真理の擁護者、誤謬への反対者、分派(66)への論難者のうちでももっとも激越な人々が、自分たちの側に政治的為政者を戴いている場合でなければ、自らの熱く、燃えたぎるような神への熱情を解き放つことがほとんどないということです。しかし、ひとたび宮廷の愛顧によってそうした人々に有利な後ろ盾が与えられるや否や、彼らは、自分たちが強くなったと感じ始め、普段は宗教上守られなければならない平和と慈愛とをかなぐり捨ててしまうのです。けれども、その彼らも、迫害を実行し、支配者になるだけの権力をもたない場合には、公平な条件の下で生活し、寛容を説くことを望むのです。政治権力の支えによる力の強化がない場合には、彼らは、たとえ近辺で偶像崇拝や迷信や異端が広がっていても、きわめて忍耐強く、冷静にそれに耐えるのですが、そうではない場合、彼らは、その宗教的関心からそうしたものへの極度の懸念を示すのです。彼らが、宮廷で流行したり、政権によって支持されたりしている誤謬を進んで攻撃するということはなく、そこでは、彼らは議論を差し控えることに安んじてしまうのです。しかし、(もしその気があるならば)真理を普及させる唯一の正しい方法は議論であり、力強い議論と適切な推論とが、優しく丁寧な言葉と正しい語法[67]とに結びついて行われること以上に真理を広めるのによいやり方はないのです。

以上から、要するに、何人《なんぴと》も、つまり個人であれ教会であれ、ひいては政治的共同体でさえも、宗教を理由として、お互いの政治的権利や現世的物品を侵害する正当な権原[68]をもっていないということになります。これとは別の見解をおもちの方々には、その見解によって、人類に対して、不和と戦争とのいかに危険な種子をもちこみ、終わることのない憎悪と略奪と殺戮とへのいかに強い刺激をもたらすことになるかについて、自らとくとお考えいただきたいと思います。「統治権は恩寵のうちに基礎づけられており(69)」、宗教は武器の力によって普及させられなければならないという見解が広く行き渡っている限り、人々の間に、いかなる平和も安全も、いや、普通の友情さえも確立され、維持されることはありえないでしょう。

第三に、司教、司祭、長老(70)、牧師その他、どんな名で尊厳化されたり区別されたりするにせよ、教会における何らかの地位や職務によって、(彼らが好んで平信徒(71)と呼びたがる)他の人々から区別される人々には、寛容の義務によってどのようなことが求められるかについて考えてみたいと思います。聖職者(72)の権力あるいは尊厳の起源を探究することは、ここでの私の仕事ではありませんが、次のことだけは申し上げておきたいと思います。すなわち、それは、彼らの権威が何に由来するものだとしても、それが教会的なものである限り、その権威は、教会という領域のなかに限定されなければならず、現世的なことがら(73)にまでは及びえないということです。教会というものは、政治的共同体とは絶対的に切り離され、区別されるものにほかならないからです。

両者の間の境界線は固定されていて、動かすことのできないものです。

ですから、起源、目的、任務その他すべての点で完全に区別され、相互に無限に異なっているそれら二つの社会(74)を一つにしようとする人は、もっとも隔絶し、また正反対のものである天と地とを混淆《こんこう》させてしまっているのです。したがいまして、教会においてどんなに高貴な職務に就いている人でも、宗教の差異を理由にして、他人、すなわち自分とは教会も信仰も異にする人々の自由を、また現世的な物品(75)の一部をも奪うことはできません。なぜならば、教会全体にとって合法的でないことは、いかなる教会の権利によっても、その教会のメンバーの誰かにとって合法的なものとはなりえないからです。

しかし、それですべてだというわけではありません。教会人(76)たちが、暴力や略奪やあらゆる方法での迫害を差し控えるというだけでは十分ではないのです。使徒たちの後継者であることを熱望し、教えを説くという任務を引き受ける人は、聴衆に向けて、すべての人に対する平和と善意との義務を告げなければなりません。すなわち、彼は、正統な信仰をもつ人にも誤った信仰をもつ人にも、自分と信仰と礼拝とを同じくする人にもそれらを異にする人にも、その義務を説かなければならないのです。また、彼は、私人であれ、(もし為政者が自分の教会のなかにいる場合には)為政者であれ、すべての人に対して、慈愛、謙虚さ、寛容を倦《う》まず弛《たゆ》まず勧めなければなりません。さらに、彼は、誰かある人が、自らの教派への燃えるような熱意から、あるいは他人の術策[77]に乗って、自分とは意見を異にする人々に対して向けているすべての熱情や非理性的な反感を和らげ、静めるように懸命に努力しなければなりません。

　私は、もしもあらゆる場所の説教壇で平和と寛容との教義が鳴り響くならば、教会にとっても国家[78]にとってもどんなに幸福なことであり、どんなに大きな果実がもたらされるかについて、ここであえて述べようとは思いません。それは、私自身が、他人によって、あるいは自らの責任で、その尊厳が低下させられたり減少させられたりするのを望まない人々を手厳しく非難することになるのではないかと恐れるからなのです。ただ、私はかくあるべきであるということを申し上げているのであり、もし、神の言葉に仕える者、平和の福音を説く者であると自ら語りながら、それ以外のことを教える人があるとすれば、彼は、自分の天職[79]としての仕事を理解していないか、怠っているかであり、いつの日か、そのことについて平和の君に申し開きをしなければならないことになるでしょう。

もしも、キリスト教徒たる者は、繰り返し挑発にさらされ、幾度となく危害を加えられた後でさえ、いかなる復讐をも差し控えるよう勧告されるべきであるとすれば、何の苦しみをも与えられず、何の害をも受けていない人々は、なおのこと、自分に何もしていない人々に対して、暴力を慎み、いかなる手ひどい扱いをも控えなければなりません。人々が、このような注意と節度とをもって接しなければならないのは、とりわけ次のような人々です。すなわち、それは、自分がなすべきことにのみ心を配り、（人がどう思おうと）神に受け容れてもらえると自ら確信し、また、永遠の救済へのもっとも強い希望を託しうると自ら考えるやり方で神を礼拝することだけを切望する人々にほかなりません。

私的な家庭内のことがら、資産の管理、身体の健康の保持といったことについては、誰でも、何が自分にとって都合がいいかを考えるものですし、自分がもっとも好む方針に従うものです。隣人のすることがうまくいっていないからといって文句をいう人はいませんし、また、他人が、自分の土地への種子蒔《ま》きや自分の娘の結婚で誤りを犯したからといって腹を立てる人もおりません。居酒屋で財産を使い果たしたからといって、その浪費家を叱る人はおりません。自分の家を壊そうが建てようが、また、それにどれだけ好きなだけの費用をかけようが誰もぶつぶついいませんし、それを制限するということもありません。〔そうしたことについては〕彼は自由なのです。

しかし、もし人が、あまり教会にいかないとか、教会において慣習となっている儀式に適った振る舞いをしないとか、子供たちにそれぞれの教会の神聖な秘儀を授けさせないとかということになれば、これはたちまち大騒ぎを引き起こし、その人の隣近所は騒音と叫喚《きょうかん》とに満たされることになってしまうでしょう。誰しもがそうしたことを大罪としてすぐに仕返しをしようとしますし、また、熱狂的な人々は、訴訟を傍聴したり、その憐れな人が所定の形式に従って自由なり所有物なり生命なりを失う判決を受けたりするのを待ちきれずに、暴力や略奪に訴えようとします。(80)(81)

あらゆる教派の教会における説教者の皆さん、皆さんは、できる限りの議論の力を用いて人々の誤りを打ち破られるのがいいでしょう。しかし、どうか人々の身体には害を加えないでいただきたいですし、そうした人々における理性の欠如を、他の〔政治的な〕支配権に帰属し教会人の手にはおよそ似つかわしくない実力という手段でどうか補わないでいただきたいと思います。自分の雄弁さや学識の助けとして、為政者の権威を呼び込まないようにしていただきたいのです。そんなことをすれば、口ではひたすら真理への愛を唱えながら、火や剣だけを吐きだす激しい熱情が貴方がたの野心を暴露し、その望みが現世的な支配にあることを示すことになってしまうでしょう。といいますのは、冷酷な目と満足感とをもって、〔信仰上の〕兄弟を生きながら焼き殺すために死刑執行人の手に引き渡すことのできる人間が、その兄弟を、来世における地獄の業火から救いだすことを真剣に心から考えているなどということを良識ある人々に納得させるのは、大変に難しいからです。

最後になりましたが、寛容ということをめぐる為政者の義務とは何かについて考えてみることにしましょう。たしかに、これは大変に重要な問題なのです。すでに示したように、魂への配慮は為政者〔の仕事〕に属することではありません。その意味は、魂への配慮が、法で規定したり、刑罰で強制したりする為政者の配慮(82)（こういういい方をしてもいいのならばですが）には属さないということですが、しかし、教えたり、勧告したり、説得したりする慈愛心からの配慮は、誰に対しても否定できるものではありません(83)。ですから、すべての人にとって、魂への配慮はその人だけに属するものであり、その人自身に委ねられるべきことなのです。

それでは、もし人が自らの魂への配慮を怠ったとしたらどうなのでしょうか。それに対して、私は、人が、自分の健康や資産への配慮を怠ったときはどうですかと反問したいと思います。これらは、魂よりも為政者の統治に、より密接に関係しています。その場合、為政者は、明白な法によって、誰それは貧乏になったり病気になったりしてはならないなどと定めるでしょうか。法が定めるのは、可能な限り、臣民の所有物や健康が他人の詐欺や暴力によって侵害されないようにすることです。法が、所有者自身の怠慢や不健全な暮らし方から所有物や健康を守ってくれるなどということはないのです。誰かに、本人の意志に関わりなく金持ちになったり、健康になったりすることを強制することなどはできない相談なのです。いや、神でさえ、人間を、その人の意志に反して救済なさることはないでしょう。

しかし、ここで、ある君主がいて、臣民に対して富を蓄積したり、身体の健康と強さとを維持したりするよう強制したいと願ったと仮定してみましょう。その際、臣民はローマの医者以外にはかかってはならないとか、皆が皆、その医者の処方箋に従って生活しなければならないとかということを、はたして法によって定められるでしょうか。また、例えばヴァチカンや、あるいはジュネーヴの店で作られたもの以外のいかなる薬もスープも口にしてはならないなどと法によって決められるものでしょうか。(84) あるいは、臣民たちを金持ちにするために、全員が商人や音楽家になるように法で強いることなどできるのでしょうか。また、ある人が、宿屋の主人あるいは鍛冶屋として家族を楽に養い、その職業によって金持ちになったからといって、すべての人が宿屋の主人や鍛冶屋に変わるべきなのでしょうか。しかし、豊かになる道は数多くあっても、天国への道はただ一つしかないという人がいるかも知れません。こうしたことは、人を強制してあれこれの道へと進ませようと主張する人たちが、特によく口にすることです。なぜならば、もし天国に通じる道がいくつもあるとすれば、そもそもだれかを強制する口実はなくなってしまうからです。

けれども、もし私が、全力を尽くして、聖なる地図によればイェルサレムに真っ直ぐに通じているはずの道を進んでいるとしたら、どうして私は、他人によって打擲《ちょうちゃく》されたり、酷《ひど》い扱いを受けたりしなければならないのでしょうか。それは、私が半長靴《はんちょうか》を履いていないとか、髪の毛をきちんと刈り込んでいないとかという理由からなのでしょうか。また、私が正式な洗礼を受けていないとか、旅行中に肉やその他好みに合う食べ物を口にしたとかといったことが、その理由なのかも知れません。あるいは、その理由は、私が茨《いばら》の藪《やぶ》や断崖に通じていそうな脇道を避けたとか、私が、同じ街道にあるいくつかの抜け道のうちでいちばん真っ直ぐできれいであると思われる抜け道を選んで歩いたとかということにあるのでしょうか。さらに、私が、あまり真面目でない旅人や、必要以上に気難しい人たちと道づれになることを避けたとか、要するに、私が、白い服[85]を着て、司教冠[86]を着けた人を道案内人にしたか、しなかったかとかといったことも、理由にされるのかも知れません。しかし、よく考えてみればすぐに理解できるように、この種のことの大部分はまったく取るに足りないことで、(迷信や偽善が伴っていない限り、宗教や魂の救済には何の障害にもならないので)守っても守らなくてもどうでもよいものなのです。私は、こうしたことがらこそが、宗教の本質的で、真に基本的な部分においては一致しているキリスト教徒の兄弟たちの間に和解し難い敵対関係を育てたものだと申し上げたいと思います。

しかし、ここで、自分たちの流儀に合わないものはすべて非難する熱狂者たちに対して、以上のようなさまざまな状況からいろいろな目標が生じてくることを認めてやることにいたしましょう。[87] そうすると、どのような結論になるのでしょうか。それらのうちで、永遠の幸福に至る道は一つしかありません。しかし、人々が従う多様な道のなかで、どれがその真の道に当たるかは依然として疑問のままにとどまっています。政治的共同体に配慮したり、法を制定する権利をもっているからといって、為政者が、この天国へと通じる道を、各私人が探究や研究によって自ら発見するよりも、より確実に発見できるわけではないのです。私が虚弱な身体をもち、病気で衰弱していて、しかも、その治療法は一つしかないと思われるのに、それがわからないとしてみましょう。では、このように、治療法が一つしかなく、しかもそれがわからないからといって、ある治療法を私に処方することが為政者の任務であるなどということになるのでしょうか。私が死を免れることのできる道が一つしかないからといって、為政者の命じることを何でもするほうが安全であるなどということになるでしょうか。

すべての人が、自ら誠実に探究し、思索、研究、調査、自らの努力によってその知識に到達しなければならないことを、ある特定の人だけの特別な占有物[88]とみなすことはできません。君主は、たしかに権力においてはそれ以外の人よりも生まれながらに優越していますが、しかし、自然においては平等です。支配の権利も支配の技術[89]も、他のことがらについての確実な知識を必ずしも伴っているわけではありませんし、ましてや真の宗教に関する確実な知識を伴うことなどさらさらないのです。といいますのは、もし、支配の権利や技術が真の宗教についての確実な知識を伴うものだとすれば、地上の君主たちが宗教問題についてこれほど分裂することなどありえないはずだからです。

しかし、ここで、永遠の生命への道は臣民によってよりもおそらく君主によってよりよく知られうる、あるいは、少なくともそうした不確実なことがらについては、私人にとってもっとも安全で便利な方法は君主の命令に従うことであるということを認めるといたしましょう。それでどうなるのかと貴方はおっしゃるでしょう。君主が貴方に生計を立てるために商売をせよと命じた場合、貴方は成功しそうもないことを恐れてその道を断るでしょうか。私なら君主の命令にもとづいて商人になるでしょうというのが、それに対する私の答えです。なぜなら、もし私の商売がうまくいかなかったとしても、君主なら、何か違った方法で私の損失を補塡《ほてん》することが十分にできるからです。もし、君主がいうように、私が成功し豊かになることを君主が本当に望んでいるなら、たとえ〔貿易のための〕航行が不首尾に終わって私が破産してしまったとしても、君主ならもう一度私を盛り立てることができるというわけです。しかし、こうしたことは、来世に関わることがらには当てはまりません。そうしたことがらに関しては、私が道を誤り、その点で、ひとたびやるべきことをしそこなった場合、為政者の権力では、私が失ったものを補塡し、私の苦しみを和らげることも、私を完全に元に戻らせることはもとより、ある程度まで元に戻らせることもできはしないのです。これでは、天の王国へと至るいかなる保証が与えられるというのでしょうか。

おそらく、ここで、宗教に関わることがらにおいて人が従うべき無謬《むびゅう》の判断は政治的為政者ではなく、教会が下すのだと考えられるという人々がいることでしょう。教会が決定したことを遵守するように政治的為政者が命令し、また、政治的為政者が、その権威によって、宗教上のことがらにおいては、誰しも、教会が教えること以外のことを行ったり信じたりしてはならないと規定するのだというのです。それらに関する判断を行うのは、したがって教会であり、為政者自身もそれに服し、同様の服従を他の人々にも求めるのだというわけです。これに対して、私は、使徒たちの時代にあってはあのように畏敬すべきものであった教会という名が、その後の時代においては、いかに多く人々の目をくらますために利用されてきたかを知らない者がはたしてあるだろうかと反問したいと思います。しかし、いずれにせよ、教会の名をもちだしてみても、〔寛容問題における為政者の義務について考えている〕今ここでの問題には何の助けにもなりません。

天国に通じるただ一つの狭い道が、私人よりも為政者によく知られているわけではありません。したがいまして、私には、おそらく私と同じようにその道について無知であり、また、私自身よりも私の救済に関心をもっているともとても思えない為政者を、安んじて私の導き手とすることはできません。ユダヤ人たちの数多くの王たちのなかには、イスラエルの民を盲目的に従わせることによって偶像崇拝に陥らせ、それゆえに破滅へと引き入れた者がなんと多いことでしょう。

にもかかわらず、貴方は、私に、勇気を出すように、為政者は、今や宗教の問題については自分の命令にではなくただ教会の命令にだけ従えと命じるのだから、すべては安全で確実だといわれるのです。私としては、どの教会の命令にですかとおたずねしたいものです。それについては、間違いなく、為政者がもっとも気に入った教会の命令にというのが答えでしょう。これでは、まるで、法と刑罰とによって私をあれかこれかの教会に加わることを強制している人が、それについて自分の判断を押しつけているわけではないかのような話になってしまいます。為政者自身が私を導くことと、それ以外の人に委ねて私を導かせることとの間にどれほどの違いがあるというのでしょうか。いずれにせよ、私は為政者の意志に依存することになり、私の永遠の状態への道を決定するのは為政者であるということになってしまいます。

王の命令によってバアル神[92]を崇めたイスラエルの民にとって、誰かに、「いや、王は、宗教上のことについて自分の頭で考えて何かを命令したり、神への礼拝において臣民に何かを行うように命じたわけではなく、ただ、聖職者の評議会[93]において承認され、教会の博士たちによって神授権[94]にもとづくものであるとの宣告を受けたものだけを命じたのだ」といわれたとしても、状態が特に好転するわけではなく、同じことなのではないでしょうか。もしもある教会の宗教が、その教派の長とか修道院長[95]や司祭、あるいはそれに随順する者たち[96]がこぞって全力で賞揚し賞賛することで真実になり、救済をもたらすものになるのであれば、いかなる宗教が誤謬で虚偽で破滅的なものに数えられることになるのでしょうか。私が、もし、ソッツィーニ派[97]の教義について疑いをもち、教皇派やルター派によって行われる礼拝の方法に懐疑的であるとすれば、その私が、為政者の命令によってこれらのいずれかの教会に加わることが、為政者はそれらの教会の博士たちの権威と勧告とに従ってしか宗教に関する命令を下すことはないからということで、いささかでも安全になるというのでしょうか。

けれども、本当のことを申し上げますと、教会というものは、(もしも、教理(98)を制定する聖職者たちの協議会(99)をもその名で呼ぶべきであるとすればですが)多くの場合、宮廷に影響を与えるよりも、宮廷からの影響を受けがちであることを認めなければなりません。教会が、正統派の皇帝とアリウス派の皇帝とが交代するなかでどのような変遷を辿ったかは、よく知られていることです。もし、これらはあまりに遠い昔のことだといわれるならば、わがイングランドの当代の歴史(100)が新しい実例を与えてくれます。ヘンリー八世、エドワード六世、メアリ、そしてエリザベスの治世において、牧師たちは、これらの王や女王の意向に合わせて、教令、信仰箇条、礼拝形式、その他すべてのことを、いかに安直に、そして、いかに上手に変更したことでしょう(101)。しかし、これらの王や女王は、宗教の点では大変に異なった考えをもっており、また、それにもとづいてまるで違ったことを命じたのですから、まともな精神の所有者で(私は無神論者以外のほとんどすべての人を念頭に置いているのですが)、神を真剣に、また誠実に崇拝する者であっても、彼らの多様な命令に良心に恥じることなく服従できたであろうなどと大胆なことをいわれる方は、まずいないことでしょう。

結論的に申し上げますと、ある君主が他人の宗教に対する法を制定する場合、彼が、それを、自らの判断によって行うにせよ、教会の権威や誰かの勧告にもとづいて行うにせよ、同じことであるということなのです。周知のように、多様な意見をもち、論争に終始している教会人の決定が、王の決定以上に健全で、安全であるということはありえないからです。また、彼ら教会人たちのすべての賛同が得られたからといって、政治権力に新たな強さが付加されるわけでもありません。もっとも、その場合でも、君主というものは、自らの信仰と礼拝形式とに好意的ではない聖職者たちの賛同などということにはほとんど関心をもたないという点にも注意を払わなければならないでしょう。

しかし、結局のところ、考慮されるべきもっとも重要なことで、こうした論争に完全な決着をもたらすのは次のことです。すなわち、それは、宗教に関する為政者の意見が正しく、また、彼の指示する道が真に福音に適ったものであったとしても、私が心の底から納得していない限り、私にとってそれに従うことは決して安全ではないであろうということにほかなりません。私が、自らの良心に反してどんな道を歩もうとも、それは、私を決して祝福の住処《すみか》(102)に導いてはくれないでしょう。私は、あるいは、心楽しくない術策を用いても金持ちになれるかも知れませんし、信じていない治療法によってでも病気を治すことができるかも知れません。しかし、自分が信じてもいない宗教、自分が嫌悪している礼拝によって私が救済されるということはありえないことなのです。信じてもいない者が、他人の信仰告白を外面的に真似たとしても、それは空しいことです。信仰のみ、内面的な誠実さのみが神による受容をもたらしてくれるものなのです。どんなに効きそうで広く認められた薬剤であっても、患者の胃が飲んだとたんにそれをはねつけるといったことになれば、何の効果をももちえません。そして、貴方が薬を病人の喉に押し込んだとしても、病人の特殊な体質がその薬を毒に変質させてしまうでしょうから、無益なことなのです。

一言でいえばこういうことです。すなわち、それは、宗教についてどんなに疑わしいことがあるとしても、少なくとも、自分が真実であると信じていない宗教は、私にとって真実でもなく、役に立つこともないということだけは確かだということにほかなりません。したがいまして、君主たちが、魂の救済を口実として臣民をいくら強制的に自らの教会共同体に加入させたとしても、それは無益なのです。もし彼らが〔その教会を〕信じているなら自発的に加入するでしょうし、もし信じていないなら、加入したところで彼らに益することは何もないのです。要するに、神の意志とか慈愛とか人間の魂の救済への関心とかといったたいそうな美名をいくら掲げてみても、人々が欲するか欲しないかに無関係に強制的に救済されるなどということはありえないのです。ですから、最後のところでは、人々は自分自身の良心に委ねられるほかありません。

以上のように、人々は、ようやく、宗教をめぐることがらにおいて相互間の一切の支配を免れることになりましたので、次に、人は何をなすべきかについて考えてみることにしましょう。すべての人は、神が公的に崇拝されなければならないことを知っていますし、また、それを認めてもいます。そうでなかったら、人々は、どうして、お互いを強いて公的に集まることなどするでしょうか。こうして、この〔集まる〕自由を生まれつきもつ人間は、ある宗教的結社を始め、相互の啓発のためだけではなく、神を崇拝していることを世間に示すためにも集まるのです。そして、彼らは、自ら恥じることのない奉仕、また、神にふさわしく、神に受け容れてもらえるだろうと考える奉仕を至高の神に捧げ、さらに、教義の純粋性、生活の清浄さ、礼拝形式の上品さによって、他の人々を真の宗教への愛に引き寄せようとするとともに、個々人ばらばらではなしえない宗教的なことがらを行うのです。

私は、こうした宗教的結社を教会と呼び、為政者はそれに対して寛容でなければならないと申し上げているのです。なぜなら、人々のこうした集会の仕事は、誰でもがそれぞれ合法的に配慮すべきこと、つまり、魂の救済にほかならないからであり、しかもその場合、国教会[103]とそれ以外の個々の集会との間には何の相違もないからです。

しかし、どの教会においても特に考慮されるべき二つのことがあります。礼拝の外的な形式と儀式とが一つ、信仰上の教義と信仰箇条とがもう一つであって、これらはそれぞれ別々に扱われなければならないものです。また、そうすることによって、寛容をめぐることがらの全容がより明確に理解されることになるでしょう。

外面的な礼拝について、私が(第一に)申し上げたいのは、為政者には、自分が所属する教会においても、ましてやそうではない教会においても、神への礼拝に関わる何らかの儀礼や儀式を用いるよう法的に強制する権力などはないということです。その理由は、単に、そうした教会が自由な結社であるということにあるだけではなく、神への礼拝において行われることはどんなことであれ、行う人が神によって受け容れられると信じてそれを行う限りにおいて正当化されるものであるということにもあるのです。そうした信仰の確信なしに行われることは、それ自体がよいことではありませんし、また、神によって受け容れられることもありえないのです。ですから、誰かに対し、そのようなことをその人自身の判断に反して押しつけることは、結局のところ、彼らに神に逆らうよう命じることになってしまいます。すべての宗教の目的が神に喜ばれることにあり、その目的のためには自由が本質的な意味で不可欠であることを考えますと、これが、言葉ではいい表せないほど馬鹿げたことなのはあきらかでしょう。

　しかし、ここから、それが認められなければ、そのために法を制定[104]する材料がすべてなくなってしまうとして、私が、〔救済にとって〕非本質的なことがらに関する為政者の一切の権力を否定していると結論される向きがあるかも知れません。そうではありません。私自身、非本質的なことがらが、そしておそらくはそれだけが立法権力に服するものであることを進んで認める者です。しかし、そうだからといって、為政者が、非本質的なことがらの何についてでも好むままに命令を下してよいということになるわけではありません。公共善がすべての立法の基準であり、尺度です。[105] したがいまして、〔その基準からみて〕たとえ、あることがらが、政治的共同体にとって有益でなく、また、たとえそれが非本質的なことがらであるとしても、それを直ちに法として定めるようなことをしてはならないのです。

さらにいいますと、たとえそれ自体においては非本質的なことがらであっても、教会および神への礼拝のなかにもちこまれたときには、為政者の管轄権の範囲外へと移ることになります。なぜならば、その場合には、それらはもはや現世的なことがらとの関係をもたないものになっているからです。教会の唯一の仕事は魂の救済であり、教会でどのような儀式が用いられるかは、政治的共同体にとっても、その成員の誰にとっても、関係がないことです。宗教的な集会においてある儀式が用いられるか用いられないかが、人の生命、自由、資産に何らかの利益をもたらしたり損害を与えたりすることはありません。例えば、幼児を水で洗うことそれ自体は非本質的なことがらであると認めることにしましょう。そしてまた、もしも為政者がそうした洗浄は幼児が罹りやすい病気の治療や予防に役立つと考え、そのことを、法による措置をとるほどに重要なことだとみなしたとしましょう。その場合には、為政者はそれを行うように命じることができます。

しかし、そうであるからといって、為政者が、子供たちは、魂を純化するために、司祭たちによって洗礼盤のなかで洗礼を受けるべきであると法によって命令する権利を同じようにもっているなどという人はいるでしょうか。これら二つの事例の間の大きな違いは、誰の目にも明白です。あるいは、後の事例をユダヤ人の子供に当ててはめてみますと、事態は自《おの》ずからあきらかになるでしょう。そもそも、キリスト教徒である為政者が、ユダヤ人の臣民をもつことを妨げられることはありません。そうだとして、われわれが、もし、ユダヤ人に対して、それ自体としては非本質的なことがらを、彼らの宗教において、しかも自らの意見に反して実践することを強制するような不法なことはなされてはならないと認めるならば、同様なことをキリスト教徒に対してなら行ってもよいなどとどうして主張できるでしょうか。

再言するとこうなります。本性上非本質的なことがらは、まさにそれが〔救済にとって〕非本質的であるということを理由にして、いかなる人間の権威によっても神への礼拝の一部とすることはできません。と申しますのは、非本質的なことがらは、それら自体の力によってはいかにしても神を宥《なだ》めることはできませんので、人間の権力や権威によって、それらに、神を宥めるほどの尊厳や卓越性を与えることなどできはしないからです。生活の日常的なことがらにおいては、神が禁じていない非本質的なことがらを用いることは自由であり、合法的ですから、そこにおいては、人間の権威が介入する余地があります。

　しかし、こと宗教においてはそうはいきません。神への礼拝において、非本質的なことがらは、神自身によって制定された場合以外は合法的ではなく、また、神が、明示的な命令によって、それらを礼拝の一部とすることを、そして、それを貧しく罪深い人間の手から受け取ってくださることを定められた場合以外は合法的にはならないのです。怒りに燃えた神に「誰がこのことをお前たちに求めたか」[106]とたずねられたとき、為政者がそれを命じたのですと答えても、十分な答えにはならないでしょう。もしも政治的支配権[107]がそこまで拡張されるなら、宗教に合法的に導入されないものなどなくなってしまうでしょう。それでは、為政者の権威の上に築かれたごたまぜの儀式や迷信的な考案物が、神を礼拝する人に、しかもその良心に反して押しつけられないことなどなくなってしまうのではないでしょうか。と申しますのは、そうした儀式や迷信の大部分は、それ自体の性質において非本質的なことがらを宗教的に用いることのうちにあるものですし、また、それらが罪深いものである理由は、神がそれらの作者ではないということ以外にはないからです。

　水をかけること、パンやワインを用いることは、本性上、そして生活の通常の場面においてはいずれも非本質的なことがらです。だからといって、これらは、神による定めなしにも、宗教に導入され、神への礼拝の一部とされうるなどという人がいるでしょうか。もし、人間の権威や政治権力がそれをなしうるのであれば、それらは、どうして、聖餐の際に魚を食べたりビール(108)を飲んだりすることも神への礼拝の一部であると命じないのでしょうか。また、それらは、なぜ、教会のなかに獣の血を撒《ま》き散らすとか、水や火を使って罪を贖《あがな》うとかといったこと、あるいは、それと同じような多くのことを命じないのでしょうか。けれども、こうしたことは、日常的な場面ではいかに非本質的なことがらであっても、ひとたび、神の権威なしに神への礼拝に結びつけられると、犬を犠牲《いけにえ》にするのと同じように、神にとっては忌まわしいものになるのです。では、どうして犬はそれほどに忌まわしいのでしょうか。もし神が礼拝においては犬か山羊かのいずれかを用いるように求めなかったとすれば、神の本性はそうした物体のどれからも無限に隔たった関係にあるのですから、それらの間には何の区別もないのです。

以上から理解できるのは、非本質的なことがらがいかに多く政治的為政者の権力の下に置かれているとしても、それを口実として宗教にもちこんだり、宗教的集会に押しつけたりすることはできないということです。非本質的なことがらであっても、神への礼拝においてはすべて非本質的なものではなくなるからです。神を礼拝する人は、神を喜ばせ、神の愛顧を得ることを意図して礼拝するものです。しかし、神自身によって命じられたものではないから神を喜ばすことはないであろうと解っていることを、他の人に命令されて神に捧げる人は、その意図を達成することはできません。そうすることは、神を喜ばせることでも、神の怒りを鎮《しず》めることでもなく、明白な侮蔑《ぶべつ》によって進んで、そして承知の上で神を挑発することであり、礼拝の本質と目的とに絶対的に反することなのです。

しかし、ここで、神の礼拝に関することで人間の自由裁量に委ねられているものが何もないとすれば、教会が、礼拝の時間や場所、その他類似のことについて命じる権力をもっているのはどうしてなのかという問いが発せられることでしょう。その問いに対して、私は、宗教的な礼拝においては、礼拝それ自体の部分を構成するものと、単なる付随的なこととを区別しなければならないとお答えしたいと思います。(109) 神によって定められ、神を十分に喜ばすであろうと信じられるものは礼拝の一部であり、したがって、これは〔礼拝に〕不可欠なものです。付随的なものとは、一般的には礼拝から切り離せないものであるとはいえ、特定の事例やその変更については特に定められていないものであり、したがって、それらは非本質的なものに当たります。この付随的なものには、礼拝の時間や場所、礼拝する人の服装や態度が入ります。(110) これらは、神が明白に命じていない以上、付随的なものであり、完全に非本質的なことなのです。

例えば、ユダヤ人の間では、彼らの礼拝の時間と場所、それを司る人々の服装などは単なる付随的なものではなく、それ自体が礼拝の一部をなしており、それらにもし欠けるところがあったり、規定と異なる点があったりした場合には、神に受け容れられることを望めないものでした。(111) しかし、福音による自由の下にあるキリスト教徒にとっては、これらは礼拝における単なる付随的なことであり、それぞれの教会が、熟慮の上で、秩序と礼節と教化という〔教会の〕目的のためにもっとも役立つと判断する形で用いればよいものなのです。(112) とはいえ、福音の下においても、〔週日の〕最初の日あるいは七日目が神によって〔安息日として〕特に定められており、神への礼拝のために聖別されるべきであると信じる人々(113)にとっては、時間のその部分は単なる付随的なことではなく、神への礼拝の真の一部であって、変更したり、おろそかにしたりすることのできないものであるということになります。

次に申し上げたいのは(114)、為政者は、どの教会においても、法によっていかなる儀礼や儀式の使用をも強制する権力をもたないのと同様に、すでにある教会が受け容れ、承認し、実践している儀礼や儀式の使用を禁止する権力をもってはいないということです。といいますのは、そんなことをすれば、彼は、その設立の目的がただ自らの流儀に従って自由に神を礼拝することにある教会そのものを破壊することになってしまうからです。

ここで、貴方がたは、こうした方式に従って、もしも、ある教会が、幼児を犠牲にしようと考えたり、(原始キリスト教徒たちが誤って非難されたように)[115]不浄なる雑婚によって肉欲で自らを汚《けが》そうとしたり、その他同じような憎むべき罪を犯したりした場合であっても、為政者は、それらが宗教的な集会において行われているという理由から、その教会に対する寛容の義務を負うのであろうかと問われるかも知れません。これに対して、私はそうではないとお答えしたいと思います。そうしたことは、日常的な生活の営みにおいても、各人の私的な家のなかでも合法的ではありませんから、神への礼拝においても、また、いかなる宗教的な集会にあっても、やはり合法的ではないのです。

しかし、もしも宗教上の理由で集まった人々が実際に子牛を犠牲にすることを欲したとしても、私はそれを法によって禁止すべきだとは思いません。その子牛の持ち主であるメリベウス[116]が、家でその子牛を殺し、その肉の適当と思う部分を(食べるために)焼くことは合法的なのです。といいますのは、それによって、誰か他の人に危害が加えられたわけでもなく、他人の所有物に何か損害が与えられたわけでもないからです。それと同じ理由から、彼には宗教的集会においても自分の子牛を殺すことが許されるのです。そうすることが神を喜ばすことになるか否かについては、それを行う人の側が考えるべきことです。為政者の側がすることは、ただ、政治的共同体が損害を受けないように、そして、いかなる人の生命や資産も傷つけられないように配慮することだけなのです。このように、祝宴の際に使ってもよいものは、犠牲を捧げる際にも使ってよいのです。けれども、たまたま、例のないほどの口蹄疫(117)のために死んでしまった畜牛の数を増やすために、しばらくは家畜の屠殺すべてを中止することが政治的共同体の利益のために要求されるという事態になってしまった際に、為政者は、臣民に対して、何のために使うのであれ子牛を殺してはならないと命じることができることを理解しない人はいないでしょう。そこで注意されなければならないのは、そうした場合、法は宗教的なことがらではなく政治的なことがらをめぐって作られたのであり、禁止されたのは犠牲ではなく子牛の屠殺であるということです。

以上、われわれは教会と政治的共同体との間にどのような相違があるかをみてきました。為政者は、政治的共同体において合法的なものは何であれ、教会において禁止することはできません。いかなる臣民に対しても日常的に使用することが認められているものは、どの教派に属する人々であれ宗教的に使用することを為政者が禁止することはできませんし、また、禁止されるべきでもありません。もしある人が、自分の家で椅子に座るか跪《ひざまず》くかしてパンやワインを食べたり飲んだりすることが合法的であるならば、法は、彼が宗教的な礼拝において同じように振る舞う自由を奪ってはなりません。たとえ、教会においては、パンとワインとの用法がまるで異なっており、信仰の秘儀や神への礼拝の儀式に用いられるものであるとしてもそうなのです。けれども、日常的に使用されることが人々の政治的共同体にとって有害であり、それゆえに法によって禁じられているようなものは、教会の神聖な儀式においても許されるべきではないのです。ただし、為政者は、公共善を口実に自らの権威を濫用して教会を抑圧することがないよう、いかなるときにも十分に注意しなければなりません。

ここでまた、もし教会が偶像崇拝を行っている場合、為政者はその教会に対しても寛容でなければならないのかという人がいるかも知れません。それへの答えとして、私は、それでは、偶像崇拝を行っている教会を抑圧するためだからといって、時と場合とによっては正統な教会をも滅ぼすのに利用されかねない権力を為政者に与えることなどできるのでしょうかとおたずねしたいと思います。といいますのは、政治権力はどこにおいても同一であり、どの君主にとっても自分の宗教が正統であるということが想起されなければならないからです。ですから、もしも、例えばジュネーヴにおいてのように、霊的なことがらに関する権力が為政者に与えられるならば、彼は、そこで偶像崇拝を行っているとみなされた宗教を暴力と流血とによって絶滅させてしまうことでしょう。[118]同じように、ある近隣の国では別の君主が改革派の宗教を、また、インドではキリスト教徒が弾圧されることになるでしょう。[119]政治権力は、君主の好むままに宗教のすべてを変えることができるか、それとも何も変えることができないかのいずれかなのです。もし、ひとたび、法と刑罰とを手段として何かを宗教にもちこむことが認められてしまいますと、それに歯止めをかけることができなくなりますし、その結果、為政者自らが作り上げた真理の基準に従って〔宗教の〕すべてを変えることが合法的になってしまいます。

したがいまして、誰であっても、宗教を理由として現世的な享有物を奪われてはなりません。キリスト教徒の君主に臣従するアメリカ人[120]でさえ、われわれ〔クリスチャン〕の信仰と礼拝とを受け容れていないからといって、その身体や財産に罰が加えられるということがあってはならないのです。もしも彼らが自分たちの居住地[121]の儀式を遵守することで神を喜ばせており、それによって幸福を得られると信じているのならば、彼らのことは〔彼らの〕神と彼ら自身とに委ねられなければなりません。このことをとことんまで突き詰めて調べ直してみましょう。

ほんのわずかな人数のキリスト教徒が、すべてのものを失って異教徒の住む地に辿り着いたとします。そして、これらの外からやって来た人たちが、その地の住民たちに、生活の必需品を恵んでほしいと人間的な情愛(122)をもって懇願し、それが与えられて、そこに住むことが認められ、皆ともに寄り集まって、やがて、一つの人的な集団にまで成長したとします。そのようにして、キリスト教がその地に根を下ろし、広がっていきますが、直ちには最強のものにはなりません。ものごとがこうした状態にある間は、人々のうちで、平和、友情、信頼、公平な正義が維持されていますが、ついに、為政者がキリスト教徒になり、それによって、彼らの党派がもっとも有力なものになったとします。

すると、たちまちのうちに、すべての契約が破棄され、すべての政治的権利が侵害され、偶像崇拝も根絶されることになるでしょう。そうなりますと、公正の規則と自然法とを厳格に守り、社会の法を決して破ることのなかった罪のない異教徒たちは、〔自分たちの〕古来からの宗教を捨て、〔キリスト教という〕新奇の宗教を受け容れない限り、父祖伝来の土地と所有物とを奪われ、さらには、おそらく生命そのものをも奪われることになってしまうことでしょう。そして、ついには、支配への欲望と結びついた教会への熱情が何を生みだしうるか、宗教や魂への配慮のためという口実がいかに容易に貪欲、略奪、野心の隠れ蓑《みの》になるかがあきらかになることでしょう。

ですから、偶像崇拝は、いかなる場所においても法、刑罰、火、剣によって根絶されるべきであると主張する人は、その説を自分自身に当てはめてみるのがよいでしょう。といいますのは、ものごとの道理はアメリカにおいてもヨーロッパにおいても変わりはないからです。ですから、アメリカにおける異教徒も、ヨーロッパにおいて国教会に反対するキリスト教徒も、支配的な宗派である宮廷教会によって、現世的な所有物を奪われるいわれはありませんし、どこの地においても、宗教を理由として政治的権利を変更させられたり、侵害されたりすることがあってはならないのです。

しかし、（ある人々は）偶像崇拝は罪であり、したがって寛容されるべきではないといわれるでしょう。もしそうした人が、偶像崇拝はそれゆえ避けられるべきであるといわれたのなら、その推論は正しかったでしょう。けれども、そこから、偶像崇拝は罪なのだから為政者によって罰せられなければならないということが導かれるわけではありません。なぜならば、神に対する罪であると考えられるすべてのことを剣を用いて無差別に罰することは、為政者の権限には属していないからです。たしかに、すべての人が同意するように、貪欲、無慈悲さ、怠惰その他多くのことは罪に当たりますが、しかし、それらが為政者によって処罰されるべきであるなどといった人は誰もおりません。その理由は、それらが、他の人々の権利を損なうものでも、社会の公共的な平和を乱すものでもないからです。いや、嘘をついたり偽証するといった罪でさえ、特別の場合でなければ、どこにおいても法によって処罰されることはありません。しかも、その特別の場合でも、考慮されるべきは、それらのことがらの真の下劣さとか神への罪とかではなく、それらが人々の隣人や政治的共同体に対して危害を加えたということだけなのです。もし、他の国において、マホメット教徒や異教徒の君主にとってキリスト教が偽りであり、神を冒瀆するものであると思われたとしたらどうでしょうか。そこにおいて、キリスト教徒は、同じ理由、同じやり方で根絶されてもよいということにはならないのではないでしょうか。

しかし、さらに、モーゼの律法によって偶像崇拝を行う者は根絶やしにされなければならないのだと主張されるかも知れません。たしかに、モーゼの律法によればその通りです。しかし、その律法は、われわれキリスト教徒に義務を課するものではありません。一般に、モーゼの律法によって課されるすべてのことがキリスト教徒によって実践されなければならないなどと主張する人はおりません。人々が普通よく使うような道徳法、裁判法、儀式の法の区別ほど馬鹿げたものはありません(126)。なぜならば、いかなる実定法も、それが与えられた人々をしか義務づけることはできないからです。「聴け、イスラエルよ」〔という聖書の言葉〕(127)は、モーゼの律法が課する義務を紛れもなくイスラエルの民に限定するものなのです。このことを考えるだけでも、偶像崇拝を行う者に極刑を課するためにモーゼの律法の権威に訴える人々への十分な回答となるでしょう。しかし、私としては、この議論をもう少し詳細に検討してみたいと思います。

ユダヤ人の政治的共同体に関していえば、偶像崇拝を行う者については二つの分類の下で考察されます。

第一は、初めはモーゼの儀式に加わり、その政治的共同体の公民にされながら、後に、イスラエルの神への礼拝を捨てた人々についてです。これらの人々は、大逆罪にも等しい罪を犯した裏切り者、反逆者として告訴されました。といいますのは、ユダヤ人たちの政治的共同体は、他のすべてのそれとは異なって絶対的な神政制(128)であり、そこでは、政治的共同体と教会との間にはいかなる区別もなく、またいかなる区別もありえなかったからです(129)。そこにおいては、唯一の不可視の神への礼拝に関して定められた律法は国民を規定する政治体の法であり、神自身を立法者とするその政治的統治の一部をなすものだったのです。そうしたわけですから、もしも、どなたかが、今日でもそうした基礎の上に設立された政治的共同体がどこかに存在することを示してくださるなら、私も、そこにおいては、教会法は不可避的に政治体の法の一部となること、その統治下の臣民に、政治権力によって教会への厳格な信従を強いることができ、また、そうしなければならないことを認めましょう。

しかし、福音の下においては、キリスト教政治共同体(130)などというものは絶対に存在しないのです。たしかに、キリストの信仰を奉じている都市や王国は数多くあります。

しかし、それらは、古来からの統治形態を保持しており、キリストの法はそれにまったく関与してはいないのです。キリストは、人々に、信仰と善き業とによっていかに永遠の生命に到達することができるかをたしかに教えはしましたが、しかし、彼は、政治的共同体を設立したわけではありません。キリストは、彼に従う人々に対して、なんら新しく特別な統治形態を指定しはしませんでしたし、また、為政者の手に剣を与え、それを用いて人々に以前の宗教を捨てて自分の宗教を受け容れることを強制するように指示しもしませんでした。

第二に、イスラエルの政治的共同体にとってはよそ者である他の国の人々[131]は、モーゼの律法が定める儀式を遵守するように実力で強制されることはありませんでした。むしろ、その反対に、偶像崇拝を行うイスラエル人は殺すべしと命じられているその同じ〔聖書の〕箇所で、他の国の人を「悩《なやま》すべからず又これを虐《しいた》ぐべからず」と定められているのです(『出エジプト記』第二二章二一節[132])。私も、イスラエルの人々に約束されていた地を所有していた七つの部族[133]がすべて打倒されるべきであるとされていたことは認めます。しかし、それは単に彼らが偶像崇拝を行う者であったからというわけではなかったのです。もし、それが理由だったのだとすれば、モアブ人や、その他の部族がどうして許されたのでしょうか[134]。

そうではなく、理由はこうなのです。すなわち、それは、神が特別な仕方でユダヤ人の王であったので、彼の王国であるカナーンの地においては(まさしく彼に対する大逆行為に当たる)他の神への崇拝が行われることを彼は容赦することができなかったことにあるのです。そうした明白な反逆は、その国では完全に政治的なものである彼の支配とはいかにしても両立しえないものだったからです。したがいまして、そこにおいて、すべての偶像崇拝が彼の王国の領域内では根絶されなければならないとされたのは、それが、他の神を、すなわち他の王を〔自らの王国の〕支配の法[135]に反して認めることになってしまうことが理由だったのです。また、その土地のすべてをイスラエルの人々に所有させるために、その地の住民たちは追い払われなければならないとされたのです。そして、同じ理由から、エミ人やホリ人もエサウとロトとの子孫によってその居住地を追われ、彼らのその地は同様の根拠から神によって侵入者〔であるイスラエルの人々〕に与えられたのです(『申命記』第二章)。

しかし、このように、カナーンの地においてはあらゆる偶像崇拝が根絶されたとはいえ、それを行った人々のすべてが処刑されたわけではありません。ラハブの全家族やギベオンの全部族はヨシュアと協定を取り交わすことによって許されましたし、(136)ユダヤ人の捕虜のなかには多く偶像崇拝を行う者がおりました。ダビデとソロモンとは約束の地の境界を越えて多くの国々を平定し、ユーフラテス河にまで及ぶ征服地を勝ち取りました。その結果、多くの人々が彼らの捕虜となり、多くの部族が彼らに服従させられましたが、そのなかで、ユダヤ教と真の神〔ヤハウェ〕への礼拝とを強制された者は一人もいませんでしたし、全員が偶像崇拝の罪を犯していたにもかかわらず、そのために処罰された者も一人もいませんでした。

もし彼らのなかの誰かが改宗者(137)となって彼ら〔ユダヤ人〕の政治的共同体の成員となりたいと望んだならば、その者はたしかに彼らの律法に服さなければなりませんでしたし、それはまた、彼らの宗教に帰依《きえ》しなければならないことを意味しておりました。しかし、それは、彼が自発的に進んで行ったことであって、強制によるものではありませんでした。彼は、服従していることを示すために、いやいやながら従ったわけではなく、それを一つの特権として求め、懇願したのです。そして、それが認められると、彼は直ちに、カナーンの地の領域内では偶像崇拝を禁じるその政治的共同体の律法に服する者となったのです。しかし、(すでに申し上げましたように)この律法〔の拘束力」は、ユダヤ人の支配下にあるとはいえ、カナーンの地の外に位置する地域にまでは及びませんでした。

外的な礼拝につきましてはこのくらいにして、次に、信仰箇条について考えてみることにしましょう。

宗教の諸箇条のうちのあるものは実践的なものであり、あるものは思弁的なものです。ところで、両者はいずれも真理の知識とともにあるものですが、後者がただ知性のみに帰着するのに対して、前者は意志や態度に影響を与えます。したがいまして、思弁的な意見、すなわち、(いわゆる)信仰箇条は、ただ信じることだけが要求されるものであり、国の法[138]によっていかなる教会にも押しつけることができないものです。といいますのは、人間の力では達成できないものが法によって課されるということ、そして、いずれの箇条を真理として信じるかを自分自身の意志によって決められないということは不条理なことであるからです。この点については、すでに十分に述べてきましたが、しかし、人々には少なくともその信じていることを告白させようという人がいることでしょう。自らの魂の救済のために、神と人間とに対して偽りをいい、嘘をいうように人々に強いるとは、なんと素晴らしい宗教でしょうか！　もしも、為政者がそのようにして人々を救済したいと考えるとすれば、彼は救済の方法についてほとんど何も理解していないように思われます。また、為政者が人々を救済するためにではなしにそんなことをするのなら、彼は、どうして熱心に信仰箇条を法によって制定しようとするのでしょうか。

さらに、為政者は、どの教会に対しても、思弁的な意見を説教したり告白したりすることを禁止すべきではありません。なぜならば、思弁的な意見は、臣民の政治的権利にはいかなる関係もないからです。たとえ、あるローマ・カトリック教徒が、他の人がパンと呼ぶものを真にキリストの身体であると信じているとしても、彼は、それによって隣人に何の危害をも加えてはおりません。また、あるユダヤ教徒が、新約聖書は神の言葉であるとは信じていないとしても、彼はそれによって人々の政治的権利に何らかの変更をもたらしているわけではありません。もしもある異教徒が新旧両聖書を疑わしいと思ったとしても、だからといって彼は悪しき公民(139)として処罰されるべきではありません。誰かがこうしたことを信じようが信じまいが、為政者の権力と人民(140)の資産とは等しく安全なのです。

上にあげたような意見が誤っており、馬鹿げたものであることは私も進んで認めます。しかし、法の任務は意見が真理であるかどうかを定めることではなく、政治的共同体の無事と安全とを、そしてまた、諸個人の所有物と身体との無事と安全とをもたらすことにあります。そして、これは当然そうあるべきなのです。といいますのは、真理というものは、真理自体の配慮に委ねられれば、間違いなく十分にあきらかになるものであるからです。真理が、それをほとんど知らず、それを歓迎することはさらに稀なお歴々(141)の権力から助力を受けたことはめったになく、思うに、これからもまず受けることはないでしょう。真理というものは、法によって教えられるものではなく、また、人々の心のなかに入り込むのに実力を必要とするものでもないのです。たしかに、誤謬は外から借りたものの助力によって広まるものです。しかし、もしも、真理がそれ自体の光によって知性への道を歩んでいくのでない限り、真理は、借用した力の暴力がそれに付け加えることができるものよりもずっと弱いものになってしまうことでしょう。思弁的な意見についてはもうこれで十分でしょうから、次に、実践的な意見へと進むことにしましょう。

善き生[142]は、宗教と真の信仰との少なからぬ部分をなすものですが、同じように政治的統治にも関係があり、人間の魂と政治的共同体との安全はそれにかかっています。道徳的な行為は、それゆえ、外的な法廷と内的な法廷、政治的統治者と内面的な統治者、つまり、為政者と良心との両方の管轄範囲に属することになります。したがって、ここには、一方の管轄権が他方のそれを侵害したり、公共の平和の保護者と魂の監視者[143]との間に軋轢《あつれき》が起こったりする大きな危険があることになります。しかし、それら二つの統治の限界についてこれまでに述べてきたことが正しく考察されるならば、この問題に関する困難性はすべて容易に取り除かれることでしょう。

すべての人は、永遠の幸福か永遠の不幸かに至りうる不死なる魂をもっています。その場合、幸福は、神の恩恵を獲得するために不可欠なことがらを、また、その目的のために神が命じたことがらを、現世において信じ、行うかどうかにかかっています。そこから、第一に、それらのことがらを守ることが人類に課せられた最高の義務であり、それらを探究し実践することにわれわれの最大限の配慮と努力と勤勉さとが向けられなければならないということが導かれます。なぜならば、現世には、永遠性と比べられるほどに重要なものは何もないからです。第二に導かれるのは、ある人が誤った意見をもち、不適切な礼拝の仕方をしているからといって他人の権利を侵害しているわけではなく、また、その人が地獄にいくとしても他人の関係することがらには何も損害を与えるわけでもない以上、各人の救済への配慮はただその人にのみ属するものであるということです。

しかし、私としては、それによって、人々を誤りから引き戻すための慈愛心に満ちた忠告や、愛情にもとづく努力を私がすべて非難しているというふうには理解してほしくないのです。こうしたことは、キリスト教徒の最大の義務であるからです。誰でも、他の人の救済を促進するために好きなだけ勧告したり説得したりしてもよいのです。しかし、その場合にも、実力や強制はいかなるものであっても避けられなければなりません。何ごとも、支配を求めてなされてはならないのです。誰しも、この問題においては、自分自身が納得することを越えて、他人の勧告や命令に服するように強制されてはなりません。ここでは、人は誰でも自ら判断を下す至高で絶対的な権威をもっているのです。その理由ですが、それは、当人以外の誰もそのことに関係することはありませんし、そこでの彼の行為から損害を受ける人は誰もいないからです。

しかし、人間は、不死なる魂のほかに、この地上における現世的な生[144]をもっています。しかし、その生は、脆《もろ》く、はかない状態にあり、また、持続期間も不確かなものですから、それには、支えとなるいくつかの便益をもたらす外的なものが必要です。しかも、その便益をもたらすものは、努力と勤勉とによって獲得され、維持されなければなりません。といいますのは、われわれの生の快適な支えとして必要なそれらのものは、自然が自《おの》ずから生みだすものでも、われわれがすぐに使えるような形で与えられるものでもないからです。したがいまして、この〔生の〕部分は別の配慮を要求し、必然的にまた別の仕事をもたらすことになります。

しかし、人間は堕落[145]していて、自らの労苦を払って必要に備えるよりも、むしろ不法にも他人の労働の成果を奪おうとするものです。それで、人々は、誠実な勤労を通してすでに獲得したものの所有を保全し、欲しいと思うものをさらに獲得するための自由と力とを保持する必要性から、お互いに社会へと移行し、相互扶助と結合した力とによって、この地上における生の快適さと幸福とに役立つものへの固有権[146]を各人が確保できるようにすることを強いられたのです[147]。そして、他方では、永遠の幸福、つまり、その達成が他人の勤労によって容易になることも、その喪失が他人に損害を与えることも、また、それへの希望が外的な暴力によって奪われることもありえない永遠の幸福への配慮は各人に委ねられたのです。

しかし、このように、人々は、現世的な所有物を防衛するために相互扶助の契約にもとづいて社会へと移行したにもかかわらず、仲間の公民の略奪や詐欺行為によって、あるいは外国人の敵対的な暴力によって、その所有物を奪われかねません。その場合、この後者に対する防衛策は武器、富、公民人口の多さ(148)であり、前者に対するそれは法であって、これらいずれにも関係するすべてのことがらへの配慮が、社会によって政治的為政者へと委ねられるのです。これが、あらゆる政治的共同体における最高権力である）立法権力の起源であり、用途であり、また限界でもあるのです(149)。すなわち、それは、各人の私的所有物の安全と、全人民に関わる平和、富、公共の有用物と(150)に配慮し、さらに、可能な限り外敵からの侵入に対抗する国内の力の増強を図るということにほかなりません。

以上のような説明から、立法権力がどのような目的に向けられなければならないか、また、どのような基準によって規制されなければならないかは容易に理解できるでしょう。すなわち、それは、人々が社会に移行するただ一つの理由であり、また、社会において人々が追求し、得ようとする唯一のものである社会の現世的な善と外的な繁栄ということなのです。さらにまた、永遠なる救済に関連して人々にどのような自由が残されているかもあきらかでしょう。すなわち、すべての人は、良心に賭けて全能なる神に受け容れてもらえると確信することを行わなければなりません。すべての人の永遠なる幸福は、全能なる神の御心に適い、その神に受け容れてもらうことにかかっており、服従は第一に神に、そしてその後に法に向けられるべきだからです。

ここで、「もし為政者が、その権威によって、私人の良心にとっては不法だと思われることを命じた場合にはどうしたらよいだろうか」とおたずねになる人がいるかも知れません。それに対して、私は、もし統治が誠実に施行され、為政者の目的が公共善に向けられているならば、そうしたことはほとんど起こることはないとお答えしたいと思います。けれども、万が一にもそうしたことが起こったならば、私は、そうした私人は自ら不法であると判断したことをなすべきではなく、処罰を受けるべきであり、そうすることはその人にとっては決して不法なことではないと申し上げます。というのは、公共善のために政治的問題に関して制定された法について人が下す私的判断が、その法の拘束力を失わせるわけでも、その拘束力を免れさせるわけでもないからです。

しかし、もしも法が、（例えば、人々やその一部に対して、なじみのない宗教を心に抱いたり、他の教会の礼拝や儀式に加わったりすることを強制するといった）為政者の権威の範囲内には属さないことがらについて定められたとしたら、そうした場合には、人は、自らの良心に反してまで法に拘束されることはありません。政治社会は、各人に対して現世における事物の所有を保証するという目的のためだけに設立されたものであるからです。各人の魂と天上のことがらとへの配慮は、政治的共同体に帰属するものでも、それに服従させることができるものでもなく、完全に各人自身に委ねられているのです。ですから、現世に属する人間の生と事物との保護が政治的共同体の仕事であり、そうした事物をその所有者に対して保全することが為政者の義務なのです。ですから、為政者が、政治的統治の目的に関係のない理由、すなわち宗教上の理由によって、ある人間やある党派から現世的な事物を奪って、それを他の人間、他の党派に与えたり、臣民の間の所有関係(151)に変更を加えたりすることは、（法によってさえ）できないことなのです。その宗教が真であるか偽りであるかは、政治的共同体が配慮すべき唯一のものである臣民の現世的な利害には何の損害も与えることはないからです。

「しかし、もし為政者がそうした〔宗教上の理由から現世的な事物を奪うような〕法を公共善のためであると信じていたらどうなるのでしょうか」。それに対して、私は、個人の私的な判断が誤っている場合にも、その人が法の拘束力を免れることができないように、為政者のいわば私的な判断が、彼の臣民に対して法を課する新たな権利を彼に与えることはないとお答えいたします。そうした権利は、統治を構成する過程で彼には与えられておらず、また、そもそも人民にもそれを彼に与える力はないからです。ましてや、為政者が、他の人々を犠牲にして、自分の追随者や同じ党派の仲間を富ませたり、優遇したりしようとする場合には、なおさら彼には法を課することなどはできません。

しかし、もし、為政者が、そうした法を作る権利をもっており、しかも、それは公共善のためであると信じており、他方で、人民はそれと正反対のことを信じている場合にはどうなるのでしょうか。誰が両者の間の裁定者になるのでしょうか。神のみが裁定者と私はお答えいたします。なぜならば、地上には最高の為政者と人民との間の裁定者などは存在しないからです。神のみがこの場合の裁定者であり、神は最後の審判の日に、すべての人間に対し、その功績、すなわち、信仰を広め、公共善と人類の平和とを促進する努力を誠実かつ公正に行ったか否かに応じて、報いをお与えになるのです。しかし、〔最後の審判までの〕当面の間は、どうしたらよいのでしょうか。それに対して、私は、すべての人間の第一の、そして主たる配慮はまず自分自身の魂についてなされるべきであり、次いで、すべてが荒廃に帰してしまった場所に平和が存在すると考える人はまずいないでしょうが、公共の平和への配慮がなされるべきであるとお答えしたいと思います。

人々の間には二種類の争いがあります。一つは法によって、もう一つは実力によって処理されるものですが、両者の間には、一方が終わるところで常に他方が始まるという性質があります(152)。しかし、国(153)ごとに異なる統治構造(154)それぞれにおける為政者の権力を考究することは私の仕事ではありません。ただし、論争が生じたときに、それに決着をつける裁定者がいないと普通どういうことが起こるかについては私も知っています。その場合には、為政者の方が強い意志をもっているから、その意志を押し通して目的を達成することになると貴方はいわれるでしょう。たしかに、その通りでしょう。しかし、ここでの問題は、成りゆきがどちらに転ぶかに関してではなく、正義の規則に関することなのです。[155]

しかし、さらに個別的なことがらについて考えてみましょう。第一に申し上げたいのは、人間の社会に反し、政治社会の維持に不可欠な道徳的規則に反する意見は為政者によって寛容に扱われるべきではないということです。しかし、どの教会においてもこうした意見の例は実際にはほとんどみられません。といいますのは、どの教派も、あきらかに社会の基礎を覆《くつがえ》し、それゆえに、全人類の審判によって非難されるようなことがらを宗教の教義として教えることが適切であると考えるほどの愚かさに簡単に到達することはありえないからですし、そんなことをすれば、自分たち自身の利益も平和も評判もすべて台なしにしてしまうであろうからです。

あまり目立たないにもかかわらず、政治的共同体にとってより危険な害悪がもたらされるのは、人々が、自分たち自身および自分たちの教派に、もっともらしい欺瞞的な言葉の見せかけで覆い隠してはいるものの、実際には共同体の政治的権利に反するある特別な特権[156]を帰する場合です。〔もちろん〕例えば、人には約束を守る義務がないとか、君主は宗教を異にする者によって廃位させられうるとか、統治権は自分たちにだけ属するとかということを、明確に、また公然と説く教派はどこにも見当たりません。なぜならば、もしそうしたことを露骨に、しかもはっきりと提唱すれば、すぐに、それを行った人の上に為政者の目が注がれて手が及びますし、そのように危険な害悪が広がることに対する政治的共同体の警戒心が呼び起こされてしまうからです。

　しかし、それにもかかわらず、私たちは、同じことを違った言葉でいう人たちを目にします。「異端者に対しては信義を守るべきではない[157]」と説く人たちは、〔上に述べたことと〕何か違うことをいっているのでしょうか。彼らが、信義を破る特権は彼らにあるということを意味しているのは間違いないでしょう。なぜかといいますと、彼らは、信仰をともにする自分たちの仲間でなければ異端者であると宣告しているわけですし、少なくとも、自分たちに都合がよいときにはいつでもそう宣告できるからです。では、「破門された君主は王冠と王国とを失う[158]」という彼らの主張は、どういう意味をもちうるのでしょうか。それによって、彼らが、国王を退位させる権力をわがものとみなしていることはあきらかです。なぜならば、彼らは、破門の権利は彼らの聖職者階級の特別な権利であると主張しているからです。また、「統治権は恩寵のうちに基礎づけられている」(159)という主張も、それによって、その主張者たちが、すべてのものの所有を要求するためのものにほかなりません。といいますのは、彼らが、自分たちは真に敬虔で信仰篤き者であるとは信じなかったり、あるいは少なくともそう告白しなかったりすることはまずないからです。

したがいまして、信仰篤く、宗教的で、正統的な者、つまり、はっきりいえば自分たち自身に、政治的なことがらに関して他の人間以上の特別な特権や権力を与えようとする者、また、宗教を口実として、教会共同体を同じくしない人々に対する何らかの権威を要求する者は、為政者によって寛容に扱われるべきではないといわなければなりません。また、それは、こと宗教に関して、すべての人々に対する寛容の義務を認めなかったり、その義務を説かなかったりする人についてもまったく同じことなのです。なぜならば、そうした教義が意味しているのは、〔それを主張する〕彼らがあらゆる機会を捉えて統治権力を奪い取り、仲間である臣民の資産や財産を手に入れるかも知れないし、またそうしようとしているのだということ、そして、彼らが、実際に強くなってそうしたことができるようになるまでの間だけ為政者に寛容を求めているのだということであるからです[160]。

さらにまた、次のような教会、すなわち、その教会に加わるすべての人は、そうすることによって、事実上、他の君主の保護下に入り、またその君主に奉仕することになるということを基礎として設立された教会は、為政者によって寛容を受ける権利をもつことはできません[161]。といいますのは、それによって、為政者は、自国のなかに外国の支配権が確立されることを容認することになってしまいますし、自分自身の人民が、いわば自らの統治に反対する兵士として登録されるのを黙認することになってしまうからです。宮廷と教会との間につまらない虚偽の区別をしてみたところで、そうした不都合を匡正《きょうせい》することはできません。特に、その両者が、ともに、自分の教会の成員に対して、純粋に宗教的なことであれ、それに関連したことであれ、好むままに何でも信じさせる権力をもつだけではなく、また、違背すれば永遠の劫火《ごうか》という苦しみを与えるとしてそれを命令することもできる同一人物の絶対的な権威に服従しているときは、なおのことそうなのです。ある人が、自分は宗教においてだけマホメット教徒で、その他のすべてのことにおいてはキリスト教徒の為政者の忠実な臣民であると告白したとしても、それは馬鹿げたことです。というのは、彼は、同時に、コンスタンチノープルのマホメット教指導者[162]への盲目的な服従の義務を負うことを認めており、しかも、その指導者はオットマン〔帝国〕の皇帝に完全に従属していて、その皇帝の好むままに宗教上の御託宣とやらを作りだしているからです。しかし、キリスト教徒の間で生活しているこのマホメット教徒が、もしも、国家[163]の最高の為政者であるその同じ人間が教会の首長でもあるべきであると認める場合には、彼は、さらに明白に、キリスト教徒の統治を否認することになるでしょう。

最後に、神の存在を否定する人間は、決して寛容に扱われてはなりません[164]。人間の社会の絆である約束、契約、誓約といったことが無神論者を縛ることはないからです。たとえ思考のなかにおいてであっても神を取り去れば、すべてが解体してしまうのです。その上、その無神論によってすべての宗教を掘り崩し破壊してしまう人々は、それにもとづいて寛容の特権を要求するために宗教を引き合いに出すことができません。

ただし、他の実践的な諸意見に関しては、たとえ、それらが絶対的に誤りを免れているということはないとしても、もし、他人への支配を確立することや、それらの諸意見が説かれている教会を政治的な刑罰を受けないようにさせることを求めるものでない限り、寛容に扱われてはならない理由はありません。

あと言及されないまま残されているのは、俗に秘密集会(165)と呼ばれ、分派や反乱の温床とされてきた集会、そして、おそらく実際にもしばしばそうであった集会についてです。これは、以上のような寛容論に対するもっとも強い反対材料を提供するものと考えられてきました。しかし、そうした分派や反乱は、何もその集会に特有の性質によって引き起こされたものではなく、自由が抑圧されたり、十分に確立されていなかったりした不幸な状況が生みだしたものなのです。したがいまして、〔それらの集会に対する〕そうした〔反乱の温床となったといった〕非難は、次のような場合にはすぐになくなることでしょう。すなわち、それは、寛容の法が制定されて、すべての教会が、寛容を自分たちの自由の基礎に置くことを義務づけられたり、また、良心の自由が、自分たちとは意見を異にする者にも自分たちにも等しく帰属する人間の自然権(166)であり、いかなる人も宗教上のことがらを法や実力によって強制されてはならないと教えるのを義務づけられたりすることになる場合です。ただこの一つのことだけが確立されれば、良心のためのあらゆる不満や騒乱の根拠が取り除かれることになるでしょう。そして、不満や敵意のそうした原因がひとたび除去されてしまえば、それらの集会においても、他のあらゆる集会における以上に平和を乱したり、国家に騒動をもたらしたりするものは何もなくなってしまうことでしょう。しかし、そうした非難の論点をより詳しく検討してみることにしましょう。

貴方は、「結社や集会は公共の平和に危険をもたらし、政治的共同体に脅威を与える」といわれるかも知れません。それに対して、私は、もしそうならば、市場や裁判の法廷にどうして毎日のようにあんなに多くの人々が集まるのでしょうかとお答えしたいと思います。また、取引所(167)に人々が群れ、町に大勢の人々が集まるのが許されているのはなぜなのでしょうか。貴方は、これらは現世的な集まりであるが、われわれが反対しているのは教会のような集会なのだといわれるかも知れません。私は、それでは、現世的なことがらとはまったく縁遠い集会が、現世的なことがらをもっとも紛糾させやすいということになってしまうとお答えいたします。しかし、現世的な集合体が、宗教的なことがらにおいてはお互いに異なる人々から構成されているのに対して、教会のような集合体はすべてが同じ一つの意見をもつ人々から構成されるものだといわれるかも知れません。それでは、まるで、宗教的なことがらにおける一致が政治的共同体に対する事実上の陰謀であるというかのようであり、また、集会する自由が少なければ少ないほど、宗教においてすべての人々が心から一致することもないというかのようです。

　しかも、さらに、現世的な集会は公開で、誰でもが自由に出席することができるのに対して、宗教的な秘密結社はもっと私的なものであって、そのために陰謀を企む機会を与えるものだと主張されるかも知れません。しかし、これは厳密な意味では正しくありません。現世的な集会の多くもすべての人に開かれているわけではないからです。また、もしも、ある宗教的な集会が私的なものであるとしても、そのために非難されるべき人々とはいったい誰なのか、それは、公的でありたいと望む人々なのか、それとも、公的であることを禁じている人々なのか（おたずねしたいと思います）。さらに貴方は、宗教的な共同体は人々相互の心と感情とを過度に結びつけるので、それだけ危険なのだといわれるかも知れません。しかし、もしそうならば、為政者は、どうして、自分自身の教会を恐れたり、その集会を、自分の統治にとっては危険なものとして禁止[168]したりしないのでしょうか。貴方は、それは為政者がその集会の一員、いやその首長でさえあるからだとお答えになるでしょう。それは、あたかも、その為政者が、政治的共同体の一部でも全人民の首長でもないといわれているふうに私には聞こえてしまいます。

ですから、はっきりいいましょう。為政者が恐れるのは自分自身の教会ではなくて他の教会であり、それは、彼が、自分の教会に対しては親切で好意をもつのに対して、他の教会には厳しく無慈悲であるからだということなのです。彼は、前者を子供のように扱い、甘やかしてわがまま放題にさえさせています。しかし、彼は、後者を奴隷のように扱い、彼らがどんなに非の打ちどころのない振る舞いをしても、それに、ガレー船(169)、牢獄、財産没収、そして死以外で報いることはしないのです。彼は、自分の教会は大事にし、守るのに、他の教会は絶えず罰し、抑圧するのです。これをひっくり返してみたらどうでしょうか。国教会に反対する人々にも、他の臣民たちと同じように現世的なことがら(170)における特権を享受させてみたらどうでしょうか。そうすれば、為政者も、そうした宗教的な集会はもはや何の危険もないことをすぐに理解されることでしょう。といいますのは、人々が反逆を企てる陰謀に加わる場合、それは、彼らの集会において宗教がそれを吹き込むからではなく、彼らの受けている苦難や迫害が、彼らにそれを免れて楽になりたいと願わせるからなのです。

公正で穏健な統治は、どこにおいても静穏で安全なものです。しかし、迫害は、騒乱を引き起こし、人々を、不快で専制的な軛《くびき》を投げ捨てようとする闘争へと向かわせるものなのです。私とて、反逆が多くの場合に宗教を口実として起こることを知らないわけではありません。しかし、また、宗教を理由として、臣民がしばしば不工な扱いを受け、悲惨な生活を送っていることも同じように真実なのです。どうか信じていただきたいのですが、騒乱というものは、あれこれの教会や宗教共同体に特有の気質から生まれるものではなく、重い負荷の下で喘《あえ》いでいるときには、彼らの首を締めつけている軛をごく自然に払い落とそうと努める全人類共通の性向から生じるものなのです(171)。

そうした宗教の問題は別として、人々の間に、皮膚の色、体型、容貌の違いに応じて他の差別が作りだされ、その結果、(例えば)黒い髪や灰色の目をもつ人々について、他の公民(172)と同じ特権を享受してはならないとか、商売をすることも自分の職業によって生活することも許されないとか、両親は子供たちを監督したり教育したりすること(173)をしてはならないとか、法の恩恵を受けてはならないとか、不公平な裁判に甘んじなくてはならないとかとされたと仮定してみましょう。このように、髪や目の色で他人から区別され、ただ、ともに迫害を受けているという一点だけで結びついている人々が、為政者にとって、宗教上の理由だけで結合した他の人々と同じように間違いなく危険な存在であるということはないのでしょうか。商売や利益のために同業組合(174)に入る人がいますし、仕事がないので赤ワインを飲むクラブを作る人もいます。隣人同士だからといって集まる人々もありますし、宗教のために集まる人々もあります。しかし、治安を脅かすような暴動のために人々が集合するのは、ただ一つ、抑圧のゆえにほかなりません。

　貴方は、「何ですって、それでは、人々が、為政者の意志に反して神への奉仕のために集まることを認めるのですか」といわれるかも知れません。それに対して、どうして為政者の意志に反してということになるのかをどうか考えてみていただきたいとお答えしたいと思います。彼らが集まるのは、合法的なことでも、また必要なことでもないのでしょうか。貴方は、「為政者の意志に反して」といわれますが、それこそが、私の不満とするところであり、また、すべての害悪の根本にあるものなのです。教会での集まりが、劇場や市場での集まりよりも許されないものである理由など何もありません。教会に集まる人々が、どこであれ他の場所で集まる人々に比べて、より邪悪であるとか、より不穏であるとかといったことはないのです。そこでの問題は、彼らが正当ではない扱いを受けており、そのためにもはや耐えられなくなっているということなのです。

共通の権利に関わることがらにおいて彼らを不公平に扱っていることをやめにし、法を改め、彼らが服させられている刑罰を廃止してしまえば、万事が、たちどころに安全で平和なものになるでしょう。いや、それだけではなく、為政者の宗教を嫌悪している人々でも、自分たちのいる場所が他のどこよりもよい状態にあるとして、政治的共同体の平和を維持しなければならないとますます考えるようになることでしょう。そして、いくつかに分かれた宗教的集団のすべてが、あたかも公共の平和の擁護者のように、お互いに、統治形態にはいかなる改革も変更もなされないように監視しあうことでしょう。(175) なぜならば、彼らが、すでに享受しているもの、すなわち、公正で穏健な統治の下で臣民の仲間と共有している平等な条件以上のものを望むことはありえないからです。

もしも、宗教において君主と同じ意見をもつ教会が、いかなる政治的統治にとっても主たる支柱であるとみなされるのならば、そして、(すでに示したように)それには君主がその教会に対して親切で、法も好意的であるからという以外に理由がないのだとすれば、次のような場合には、統治の安全はどれだけ大きなものになることでしょう。すなわち、それは、すべての良き臣民が、どの教会の一員であろうと、宗教を理由とするいかなる差別も受けず、同じように君主の恩顧と法の恩恵とを享受して、統治を共同で支持し、守るようになり、また、隣人を傷つけたり、政治的な平和に背いたりする者を除いて、誰も法の厳しさを恐れる機会をもつことのない場合にほかなりません。

ようやく次のような結論に近づいてまいりました。それは、われわれが求めていることは、「要するに、すべての人が他の人々に認められているのと同じ権利を享受すること」であるということなのです。ローマ風に神を礼拝することは許されるでしょうか。ジュネーヴ風の礼拝形式と同様に、それを許せばよいのです。市場でラテン語を話すことは許されるでしょうか。そうしたい人がいるなら、教会においても、同じようにラテン語を話すことを認めればよいのです。誰かが、自分の家で、跪《ひざまず》いたり、立ったり、座ったり、その他の姿勢をとったりすること、また、黒い服を着たり、白い服を着たり、短い衣服を身につけたり、長い衣服を身につけたりすることは合法的です。そうであれば、教会で、パンを食べたり、ワインを飲んだり、水で洗ったりすることも非合法とされてはなりません。一言でいえば、生活の通常の場において法が自由なままにさせていることがらは何であれ、神への礼拝においても、すべての教会の自由にさせておけばよいということなのです。そうした〔神への礼拝に関わる〕ことを理由として、人々の生命、身体、家屋、資産がいかなる損傷をも受けることがないようにしなければなりません。もし貴方が長老派の人々の教会規律を許容することができるのならば、どうして、監督派の人々は好きな教会規律をもってはならないということになるのでしょうか[176]。教会の権威は、それを行使するのが一人の人であるか多数の人であるかに関わりなく、どこにおいても同一であって、現世的なことがらに対する支配権も、いかなる形の強制権力ももたず、富とか収入になんら関与することもないのです。

　教会の集会や説教が正当化されるのは、それらが日常的に経験され、公的に承認されることによってです。もし、それらがある一つの教派の人々に許されるのなら、どうしてすべての人々に許されてはならないのでしょうか。もし、宗教的な集会において、何か反逆的なことや公共の平和に反することが起こった場合には、それらは、定期市や市場で起こった場合とまったく同じように罰せられなければなりません。そうした集会が、党派的で悪事を企む連中の聖域[177]になってはならないのです。しかし、人々が教会に集まることが公会堂[178]に集まることよりも合法的ではないとされたり、臣民の一部の集会が、他の臣民の集会よりも非難に値するとされたりすることがあってはなりません。誰でも、自分自身の行動に対して責任を負うべきであって、他人の過ちのために疑われたり憎まれたりされるべきではありません。反逆者、殺人者、泥棒、強盗、姦夫、讒謗《ざんぼう》者[179]等々は、国教会であれ、それ以外の教会であれ、いかなる教会に属する人であっても、処罰され禁圧されなければなりません。しかし、抱いている教義が平和的であり、その態度も純粋で非難すべきところのない人々は、仲間の臣民と平等な条件の下に置かれるべきなのです。ですから、厳粛な集会、祭日の遵守、公的な礼拝がある種の宗派に許されたのなら、これらのことはすべて、長老派にも、独立派にも、再洗礼派にも、アルミニウス派にも、クエーカー教徒にも、そしてその他の人々[180]にも等しく自由に許されなければなりません。

いや、真実を、そして、人間同士にふさわしいことをもっと公然と申し上げていいのなら、異教徒でもマホメット教徒でもユダヤ教徒でも、宗教のゆえに、政治的共同体における政治的権利が許されないということがあってはならないのです。福音書もそうしたことを命じてはおりません。教会は、「外の者を審《さば》くことは我の干《あずか》る所ならんや」(『コリント前書』第五章一二節)とされているように、そのようなことを求めてはいないのです。そして、政治的共同体も、正直で、平和的で、勤勉なすべての人々を差別することなく包含しておりますから、そのようなことを要求することはありません。

われわれは、異教徒がわれわれと取引し商売することを容認しながら、彼が神に祈り、神に礼拝することは認めないというのでしょうか。また、ユダヤ教徒が私的な住居をもってわれわれの間で住むことを許容するのなら、どうして彼らが自分たちの教会(181)をもつことを許さないのでしょうか。彼らの教義がより虚偽に満ち、彼らの礼拝がより嫌悪すべきものであり、彼らが、私宅に集まるときよりも公的に集まるときの方が政治的な平和がより危険にさらされるとでもいうのでしょうか。しかし、もし、ユダヤ教徒や異教徒に対してこうしたことが許されてよいというのであれば、キリスト教徒の政治的共同体におけるキリスト教徒の状態がそれよりも悪いものであってはならないことは疑いの余地のないことです。

おそらく貴方は、「キリスト教徒は党派をなし、騒乱や内乱を引き起こす傾向がより強いのだから、悪い状態にしておくべきなのだ」といわれるかも知れません。それに対しては、それは宗教としてのキリスト教の罪でしょうかとお答えしたいと思います。もしそうであるとすれば、キリスト教は、間違いなく、あらゆる宗教のなかで最悪のものであり、各人によって奉じられることも、政治的共同体によって寛容に扱われることもあってはならないものであるということになってしまいます。というのは、もしも、騒乱を引き起こし、政治的平和に対して破壊的であることが宗教としてのキリスト教の特性であり本性であるとすれば、為政者が容認している教会そのものが必ずしも潔白ではないということになってしまうからです。

しかし、われわれは、貪欲さ、野心、不和、闘い、そしてあらゆる種類の過度の欲望に対してもっとも強く反対し、これまで存在したなかでもっとも平穏で平和的なこの〔キリスト教という〕宗教について、そのようなことをいうことはとうていできません。ですから、われわれは、宗教に帰せられている害悪については別の原因を探さなければなりません。そして、もしわれわれが正しく考察するならば、その原因が、すべて私が扱っているとも問題のうちにひそんでいることが解るでしょう。

つまり、キリスト教世界において、これまで、宗教上の理由によって生じた騒乱や戦争の原因は、(避けることのできない)意見の相違にあるのではなく、異なった意見をもつ人々に対して(本来認められてよかったはずの)寛容を拒否してきたことにあるのです。教会の首長たちや指導者たちは、貪欲さと飽くことのない支配欲とに駆られ、為政者たちの法外な野心と、軽率な大衆の軽信にもとづく迷信[182]とを利用しながら、福音の法にも慈善の戒律にも反して、分派者や異端者は所有物を取り上げられ、破滅させられるべきであると説くことによって、為政者や民衆を、自分たちとは意見を異にする人々への怒りに向けさせ、扇動したのです。そして、それによって、彼らは、それ自体まったく異なる二つのもの、すなわち、教会と政治的共同体とを一つにし、混同してしまったのです。

ところで、人間にとって、自らの誠実な勤勉さによって得た財産[183]を奪われたり、人間的および神的な衡平の法[184]に反して他人の暴力や略奪の餌食とされたりすることに辛抱強く耐えることは、大変に難しいことです。彼らが、別に何の罪科《つみとが》もない場合や、彼らがそうした扱いを受ける理由が為政者の権限の範囲には属さず、それにもとづく行為がただ神にのみ責任を負うべき各人の良心に完全に属する場合には、とりわけそうなのです。そうだとすれば、そうした人々が、その下で苦しんでいる悪に耐えきれないようになっていき、ついには、力には力をもって抵抗し、(宗教を理由としては奪うことのできない)自らの自然権をできうる限り武力で防衛することを合法的だと思うようになることは、それ以外のことは考えられないほど当然なことではないでしょうか。(185) これまではそれが事態の通常の進み方であったことは、歴史上の多くの例からあきらかでありますし、これからも、そうであり続けるであろうということは、道理からいって、この上なく明白なことなのです。

実際、宗教を理由とする迫害の原理が、これまでのように為政者と人民との間に広く流布し続ける限り、また、平和と和合との説教者たるべき人々が、その技術と力とを尽くして人々に武器を手にするよう扇動し、また戦争のラッパを吹き鳴らし続ける限り、上に述べたような事態は変わりようがないのです。しかも、為政者が、そうした扇動者や公共の平和の攪乱者を放任しているとすれば、それは、為政者が、扇動者や平和の攪乱者から分捕ったものの分け前に与《あずか》るよう誘われたり、また、自分の権力を強化する手段として彼らの貪欲さと高慢さとを利用することが適当であるとみなしたりしているらしいとでも考えない限り、まったくもって驚くべきことだといわなければなりません。なぜならば、そうしたご立派な人々が、まったくもって福音の僕《しもべ》であるよりも統治権力の僕であり、君主や権威者の野心に媚び、その支配に与《くみ》することで政治的共同体において暴政を推し進めることに全力を尽くし、そうすることによって教会内に暴政を樹立することを可能にしようとしていることを知らない人は誰もいないからです。[186][187]

これは、教会と国家との間にみられる不幸な一致です。もしも、それらのそれぞれが自らの領域の内に自足して、一方は、政治的共同体における現世的な福祉に心を向け、他方は魂の救済に心を向けていたならば、これまで、両者の間にはいかなる不協和も生じることはなかったでしょう。

「しかし、こうした非難を語ることは恥ずべきことだ」[188]〔といわなければなりません〕。全能なる神よ、願わくは、平和の福音がついには説かれることになりますように、そして、政治的為政者が、自らの良心を神の法に一致させることにより注意を払うようになり、人間の法によって他の人々の良心を縛ることをより求めなくなって、自国の父らしく、傲慢で、統治に服さず、同胞に対して害を及ぼす者だけを除いて、すべての子らの現世的な福祉をあまねく増進することにすべての知恵と努力とを傾けることになりますように、また、使徒たちの後継者たることを誇るすべての教会人たちが、使徒たちの歩んだ跡を平和裡に、つつましく辿り、国家に関わることがら[189]に干渉することもなく、魂の救済の促進に全的に献身することになりますように。

それでは、さようなら。

〔追伸[190]〕

ここで、異端[191]と分派とについて若干のことを付け加えておいても、おそらく不都合ということにはならないでしょう。キリスト教徒にとって、トルコ人は異端でも分派でもなく、またそうはなりえません。そして、もし誰かがキリスト教信仰を捨ててマホメット教徒になったとしたら、その人は、異端になったわけでも分派になったわけでもなく、背教者[192]になり異教徒[193]になったのです。このことを疑う人はいないでしょう。

このことから、宗教を異にする人々が、お互いに異端であったり分派であったりすることはないということはあきらかです。

したがいまして、われわれは、宗教を同じくする人々とはどういう人々であるかを調べてみなければなりません。その点に関しては、信仰と礼拝との同一の規則をもつ人々が宗教を同じくする人々であり、信仰と礼拝との同一の規則をもたない人々が宗教を異にする人々であることは明白です。といいますのは、その宗教に属することのすべてはその規則のうちに含まれていますので、必然的に、同一の規則に同意する人々は同一の宗教をもつことになり、その逆もまた真であるということになるからです。ですから、トルコ人とキリスト教徒とは宗教を異にする人々であるということになります。後者は聖書を、前者はコーランをそれぞれの宗教の規則としているからです。

同じ理由によって、キリスト教徒の間においてさえ異なった宗教がありうるということになります。カトリック教徒[194]とルター派とは、両者ともキリストへの信仰を告白し、それゆえにキリスト教徒と呼ばれてはおりますが、同じ宗教の人々だとはいえません。後者が、聖書以外に宗教の規則と基礎とを認めないのに対して、前者は、〔聖書のほかに〕さらに伝統とローマ教皇の教令[195]とを取り入れ、それらすべてを併せて自らの宗教の規則としているからです。そして、また、いわゆる聖ヨハネのキリスト教徒[196]とジュネーヴのキリスト教徒とは宗教を異にしています。後者が聖書だけを宗教の規則としているのに対して、前者は、どんなものかはよく知りませんが、いずれにせよ伝統を宗教の規則としているからです。

以上のことがはっきりしましたので、そこから、次のことが出てまいります。第一は、異端とは、宗教を同じくする人々の間で、規則そのものには含まれていない何らかの意見のために、教会という共同体内において生じた分離のことだということです。そして、第二は、聖書以外に信仰の規則を認めない人々の間では、異端とは、聖書の明白な言葉には含まれていない意見のために、キリスト教徒の共同体内で生じた分離のことであるということです。そして、そうした分離は次の二通りの仕方で行われます。

第一は、教会のなかの多数派、あるいは(為政者の後援を受けた)有力派が、聖書の明白な言葉のうちには見いだすことのできない何らかの意見への信仰を告白しない他の人々を、それを理由としてその共同体から排除することによって、彼らから自分たちを分離する場合です。なぜならば、人に異端の罪を犯させるのは、分離された人々が少数派であることでも、為政者の権威でもないからです。そうではなくて、教会を分裂させ、差別のための名称と印とをもちこみ、そうした〔聖書の明白な言葉にはない〕意見を理由として進んで分離を行おうとする者だけが異端であるからなのです。

第二に、聖書が明示的には教えていない何らかの意見を教会が公に告白しないという理由によって、人が自らをその教会という共同体から分離させる場合です。

これらはともに、「彼らは、根本的な点で誤りを犯し、また、知識に抗して誤りに固執し続けているがゆえに異端者である」というのに当たります。なぜならば、彼らは、聖書を信仰の唯一の基礎であると定めたにもかかわらず、聖書にはない特定の命題を根本的なものと規定しているからであり、また、他の人々が彼らの付け加えた意見を必要かつ根本的なものとして認めなかったり、それに依拠したりしないことを理由に、自分たちをその人々から引き離したり、その人々を追いだしたりして教会に分裂をもたらすからです。また、彼らが、自分たちの信仰告白や信仰箇条[197]は聖書や信仰の類推[198]に合致しているといっても、何の意味もありません。というのは、もしそれらが聖書の明白な言葉で表現されているのであれば、それらについては、すべてのキリスト教徒によって神の霊感にもとづくものであり、したがって根本的なものであると認められるということになり、疑いをさしはさむ余地はありえなくなるからです。

しかし、もしも、彼らが、信仰告白されるべきものとして要求する箇条が聖書から導きだされた帰結であるというならば、彼らにとっては、それらを信仰の規則に合致するものとして信じ、告白することは間違いなくよいことではあるでしょうが、それらを、聖書の疑いえない教義であるとはみなさない人々にまで押しつけるのは大変によくないことだといわなければなりません。そして、このような根本的なものでもなく、またそうではありえないもののために分離を行うことは、異端になることなのです。といいますのは、私には、自らが聖書から引きだした帰結や自らの聖書の解釈は神の霊感にもとづくものであると公言したり、自らの空想にしたがって作り上げた信仰箇条を聖書の権威にあえて比肩させたりするほどの愚かさにまで行き着く人は、まずいないと思われるからです。

私とて、きわめて明白に聖書に合致するので、誰しもが聖書から引きだしたものであることを否定することができないような命題がいくつか存在することは承知しております。しかし、そうした命題については、意見の相違はありえないのです。私が申し上げたいのは、ただ、あれこれの教義が聖書から引きだされたものだといかに明確に考えられるとしても、われわれがそれらは信仰の規則に合致すると信じるからといって、それらを必要な信仰箇条として他人に押しつけてはならないということなのです。

もしそうでなければ、私たちも、他の教義を同じように押しつけられることを甘受しなければならないということになってしまいます。その結果、私たちは、ルター派、カルヴァン派、レモンストラント派、再洗礼派その他の教派の多様で相互に矛盾する諸意見、それぞれの教派の信仰箇条や教義体系や信条の考案者たちが、聖書から導きだされた純正かつ不可欠なものとして信者たちに与えてきた諸意見を受け容れて、それへの信仰を告白するように強いられることになるでしょう。私は、神の永遠かつ無限の叡智である聖霊[199]よりも明晰に救済に必要なものを説明できると考える人々の途方もない傲慢さに、ただただ驚愕《きょうがく》するほかはありません。

通常の用法では宗教の教義的な部分にだけ適用される言葉である異端については、

もう以上で十分でしょう。したがって、次に、異端に類似した罪である分派について考えてみましょう。どうして類似しているかといいますと、これら二つの言葉は、「必要ではないことがらをめぐって教会という共同体内に生みだされた根拠のない分離」を意味しているように私には思われるからです。しかし、言語に関することがらにとっては最高の法である用語法では、異端が信仰における誤りに関係し、分派は礼拝や規律の誤りに関係するとされておりますので、われわれも、そうした区別の下で両者を考察しなければなりません。

分派とは、すでに述べたのと同じ理由によって、神への礼拝や教会の規律のうちで教会にとっては必要な部分とはいえない何らかのことがらをめぐって、教会という共同体内に生みだされた分離のことにほかなりません。礼拝や規律においてキリスト教徒の共同体に必要なものは、われわれの立法者であるキリストあるいは使徒たちが、聖霊の霊感により、明示的な言葉で命じたもの以外にはありえないのです。

一言でいえば、聖書が明白な言葉で教えていることを否定しない人、また、神聖なる聖書の正文のうちにはあきらかに含まれてはいないことを理由にして分離を企てようとしない人は、たとえ、キリスト教徒のいかなる教派からもその名で呼ばれようとも、また、クリスチャンのうちのある者、あるいはそのすべてによって、真のキリスト教信仰を完全に欠いていると宣告されようとも、本当のところは決して異端でも分派でもありえないということなのです。

これらの〔異端と分派とをめぐる〕ことがらについては、もっと幅広く、また、もっと有益な形で説明できたかも知れません。しかし、貴方のような慧眼《けいがん》の士には、このように簡単に示唆するだけで十分ではないかと思います。

おわり

訳　註

(1) オランダ語版は英語版と同じ一六八九年に出版されたが、テキストは現存しないとされる。フランス語版は計画されただけで刊行されず、ポップルの死後、一七一〇年になって初版が出版された。オランダ語版、フランス語版の訳者はいずれも同定されていないが、フランス語版については、J・L・クレールという説もある。

(2) nation. 十七世紀の後半は、出身集団を表すラテン語で、氏族や人種を指すラテン語の gens やギリシャ語の ἔθνος に近い意味をもっていた natio に由来する nation が、政治社会の構成員あるいは政治社会そのものを指示する言葉へと意味変化を遂げる過渡期であった。その点を考慮し、ここでは nation を国と訳した。詳細は、加藤節「民族」(古賀敬太編『政治概念の歴史的展開』第八巻、晃洋書房、二〇一五年、所収)を参照されたい。

(3) people.

(4) government.

(5) sects.

(6) Declaration of Indulgence. ともにイングランドのカトリック化を進めようとしたチ

ャールズ二世とジェイムズ二世とが、それぞれ一六七二年と一六八七年とに勅令によって定めたもの。一五四九年に制定され、一六六二年の改定を経て確定したイングランド国教会の「祈禱方式統一法 Act of Uniformity」の一時停止を宣言し、カトリック教徒や非国教徒に刑罰を科すことを禁じたものであったが、非国教徒の公職就任を否定するなど、信仰自由の宣言としては不徹底であった。

(7) Acts of Comprehension. ポップルが序文を執筆していた一六八九年、非国教徒のうちの穏健派を容認し、国教会へと「包容」することを意図して導入が試みられたものである。国教会への信従条件を緩和する一方で、非国教徒の自由を保証しておらず、ユニテアリアンとしてのポップルには容認できないものであった。

(8) 「絶対的な自由」の主張はポップル自身のものであって、寛容対象に制限を加えたロックの立場とは距離がある。しかし、こうした相違が、ポップルによる翻訳に極端な曲解を生んだ形跡はほとんど認められない。ポップルの英訳については、「解説」を参照されたい。

(9) dissenting parties.

(10) 序にあたるこの「読者に」は、ラテン語で書かれ、一六八九年の四月末か五月初めにオランダのハウダで出版された原著にはない。英訳者のウィリアム・ポップル(William Popple, 1638–1708)が、一六八九年の十一月に出版された英語版のために執筆したもの。

ポップルは、ボルドー・ワインを扱う貿易商であり、三位一体論を否定するユニテアリアン派の立場から *Two Treatises of Rational Religion*, 1692 という宗教的な作品を書いた文筆家でもあった。一六八八年にイングランドに帰国した後、晩年のロックと書簡を交換する関係にあった。ポップルによる英訳に対するロックの評価は、「解説」を参照されたい。

（11）カトリック教徒を指す。

（12）カルヴァン派を指す。

（13）zealots.［ラテン語］zelotes.

（14）estates.

（15）こうした叙述には、一六八五年十月にナントの勅令を廃止し、ユグノーに対して苛烈な迫害を再開したルイ十四世治下のフランスの状況の反映が認められる。その苛烈さは、亡命ユグノーによって、ロックもまた亡命生活を送っていたオランダに伝えられていた。

（16）an unconverted estate.

（17）Captain.　イエス・キリストのこと。

（18）soldiers.　使徒たちを指す。

（19）nations.

（20）Prince of Peace.　イエス・キリストのこと。

（21）dragoons.　ルイ十四世治下では、「竜騎兵［フランス語］dragon,［ラテン語］cohortes」を使って、ユグノーにカトリックへの強制的な改宗を迫る大規模な迫害、いわゆる dragonnades が行われた。

(22) publick weal.

(23) libertinism.

(24) licentiousness.

(25) civil government.

(26) the interest of men's souls. 〔ラテン語〕 salus animarum.

(27) commonwealth. 〔ラテン語〕 respublica. commonwealth は、『統治二論』(加藤節訳、岩波文庫、二〇一〇年)においてと同様、人的共同体としての政治社会という意味で「政治的共同体」と訳した。以下、『統治二論』からの引用は、岩波文庫版の頁数で示す。

(28) civil interests. 〔ラテン語〕 bona civilia. この civil(civilia)をどう邦訳するかは議論の余地があるが、宗教が配慮すべき来世における永遠の魂の救済との対比で、政治的統治が配慮すべきものを形容する言葉として使われている点を考慮し、「現世的」とした。「利益」は「善」としたほうがラテン語の語意により近いであろう。ポップルは商人であったことから、抽象的な「善」よりも、自身にとって具体的なイメージがわく「利益」を選んだとも考えられる。

(29) 「現世的利益」の内容は、ロックが『統治二論』で、「生命・健康・自由・資産」からなる人間の「固有権 property」と呼んだものをやや詳細にしたものである(『統治二論』四四一頁参照)。

(30) civil magistrate.〔ラテン語〕magistrates civilis.

(31) goods.

(32) ロックは、政治権力の物理的な力を「共同体の力」、すなわち政治社会の構成員がもつ実力の集合と捉えていた。『統治二論』二九三頁参照。

(33) by the consent of the people.〔ラテン語〕ab hominibus. ポップルは、ラテン語版テキストの「人間」を「人民」とし、ラテン語版テキストにはない「同意」を付け加えているが、これは、政治権力の起源をめぐって神授権説と契約説とが対立していた時代背景を受けてのことであったと考えられる。しかし、ロックがここで強調しているのは、神だけではなく人間も政治的為政者に宗教を強制する権力を与えることはないということであり、特に契約説を強調しているわけではない。「人民の同意によって」ではなく、端的に「人間によって」と訳したほうが、ロックの意図にはより近いといえよう。

(34) understanding.〔ラテン語〕intellectus. 当時、英語の understanding は、精神の思考する力能を意味するラテン語の intellectus に対応するものとされており、ロック自身も、一七〇一年に出版された R. Burridge による『人間知性論』のラテン語訳で書名中の human understanding が intellectus humano と訳されたことに同意していたと考えられる。その意味で、ポップルの訳は、言語習慣上的確であり、ロックの意図にも沿うものであったといってよい。

(35) heterodox.［ラテン語］heterodoxos.

(36) humanity.

(37) light and evidence. ラテン語版テキストには evidence に対応する語はなく、ポップルが付加したものである。

(38) secular interests. ラテン語版テキストにはなく、ポップルが付加したものである。

(39) 一六四八年のウェストファリア条約によって国際的に承認された「支配あるところ宗教あり［ラテン語］cujus regio, ejus religio」の原則にもとづく政治権力と宗教権力との抱合体制や、政治権力が体制宗教を強制する広義の国教会体制の矛盾や問題性を、ロックは、本来一つであるべき天国への道の多様化が導かれ、信仰において重要な各人の内的確信が失われるという視点から批判している。

(40) church.［ラテン語］ecclesia.

(41) voluntary society.［ラテン語］societas libera. ただし、次行の「自由で自発的な結社 free and voluntary society」は、societatem liberam et voluntariam というラテン語版テキストの忠実な訳である。

(42) communion.

(43) company.

(44) bishop.

(45) presbyter.

(46) assembly.

(47) communion.

(48) decrees.

(49) 『使徒行伝』第一九章参照。

(50) exhortations.

(51) admonitions.

(52) advice.

(53) いわゆる破門についての叙述である。ロックは、教会が教会内秩序を維持するために破門の権限を有することを認めた上で、それが破門された者への政治的な処罰に連動することを否定する立場であった。

(54) private persons.［ラテン語］privato cuivis.

(55) church-minister.

(56) civil enjoyments.

(57) denison.

(58) natural fellowship.

(59) instruction.

(60) Arminians.〔ラテン語〕Remonstrantium. オランダで執筆されたロックのラテン語版テキストを英訳するにあたり、ポップルはイングランドの文脈に合わせて、用語や呼称をいわゆるイングランド化する(Anglicize)ことを行ったが、これもその例の一つである。レモンストラント派とは、オランダのカルヴァン派のうち、神による救いと滅びとへの二重予定を絶対視し、それをカルヴァン派の正統な教義とみなす厳格なカルヴァン派(ゴマルス派)に対抗して、信仰における人間の自由意志の領域をより広く容認しようとする穏健なカルヴァン派を指す。オランダの改革派神学者アルミニウスの流れを汲むことからアルミニウス派とも呼ばれた。この派がレモンストラント派と称されるようになったのは、正統カルヴィニズムに対抗して、一六一〇年に自分たちの立場を記した「建議書(レモンストラント)」をホラント州政庁に提出したことに由来する。こうした神学的な対立は、十七世紀オランダにおける政治的対立と連動していた。正統派カルヴィニズムが貴族や農民を権力基盤とするオラニエ家の支持を仰いだのに対して、レモンストラント派は、オラニエ家や貴族に対抗する都市の商人層に支持基盤を置く共和派と結びついたからである。よく知られるように、オラニエ家の権力を背景にして体制宗教化を強める正統派カルヴィニズムの圧力に抗して、「哲学する自由」の名の下に思想および表現の自由を要求したスピノザや、普遍的な寛容を求めたピエール・ベールが交流したのも、このレモンストラント派の人々であった。

(61) Calvinism.〔ラテン語〕Antiremonstrantium. これも、ポップルによるラテン語版テキストのイングランド化の例である。

(62) ラテン語版テキストではこの一文に「追放し死刑に処する権利」が続くが、ポップルは略している。

(63) servants.〔ラテン語〕servos.

(64) infidel.〔ラテン語〕infidelis.

(65) Christian kingdom.

(66) schism.〔ラテン語〕schism.

(67) softness of civility and good usage.

(68) title. ロックは、『統治二論』において、権利の基礎となる根拠を意味するこの法律用語を政治学の用語に転用し、支配の正統性根拠を示す言葉として用いた。それは、例えば、「創造」や「神の贈与」や「父であること」を「根拠」にして、「アダムの主権」への「権原」を説き、その「権原」が「長子相続」されて現在の君主権力に支配の正統性を与えたとするフィルマーの家父長権版王権神授説に対するロックの批判からうかがうことができる。

（69） dominion is founded in grace. 〔ラテン語〕dominium scilicet fundari in gratia. もともとイングランドにおける宗教改革の先駆者ウィクリフ(John Wycliffe)の主張であったものが、十七世紀のイングランドで、聖人の支配の到来を待望する第五王国派や千年王国派といった教派に引き継がれたもの。ここでロックの念頭にあったのは、そうした流れよりも、恩寵を根拠にして異端の君主を破門する権利を主張するローマ・カトリック教会であった。

（70） presbyters.

（71） laity. 〔ラテン語〕laica.

（72） clergy.

（73） civil affairs. 〔ラテン語〕res civiles.

（74） societies.

（75） worldly goods. 〔ラテン語〕bonorum terrestrium.

（76） ecclesiastical men.

（77） crafts. 当時イングランドで「聖職者の術策 priestcraft」という言葉が流行していたことが背景にある。

（78） state. 〔ラテン語〕respublica. ポップルがstateとしていることから「国家」と訳したが、ラテン語のrespublicaに対応する英語はcommonwealthであり、註(27)で述べたように「政治的共同体」としたほうがよい。『統治二論』のロックは、統治機構を含意するstate

をもっぱら「絶対王政」についての否定的な意味で使い、自らが契約説によって理論構成した政治社会については、人的共同体を指す commonwealth を用いている。

(79) calling.

(80) congregations.

(81) cause.

(82) care.

(83) 他人の宗教への為政者の配慮と慈愛心からの配慮との区別、後者の容認が示唆するように、ロックは、法的強制によるのではなく、勧告や説得による改宗は認めていた。

(84) ヴァチカンはカトリックを、ジュネーヴはカルヴィニズムを指す。

(85) イングランド国教会やカトリック教会で着用された袖の長い白い法衣で、ピューリタンたちは否定した。

(86) イングランド国教会で主教が使用した冠を指す。

(87) ラテン語版テキストでは「以上のようなさまざまな状況からいろいろな方向に向かうさまざまな道が生じる」となっている。

(88) possession.

(89) art of ruling.

(90) ラテン語版テキストでは「貿易における不幸な運命が」となっている。ポップルが

「航行が不首尾に終わって」と訳したのは、彼が貿易に関わっていたことの反映であろう。

(91) business of religion.

(92) 古くからカナーン地方で信奉されていた天候と豊饒《ほうじょう》との自然神。旧約聖書の『列王記』などに、バアル神を信奉する国王と人格神ヤハウェを信奉する預言者との対立の記述がみられる。

(93) council.

(94) divine right.

(95) prelates.

(96) tribe.〔ラテン語〕asseclae.

(97) イタリアの神学者ソッツィーニ(Fausto Sozzini 1539–1604)に連なる宗派で、三位一体論を否定する点にその教義の最大の特質があった。

(98) canons.

(99) convention.

(100) our modern English history.〔ラテン語〕Anglorum historia.

(101) ここに列挙された国王と女王との宗教政策はおおよそ次のようなものであった。ヘンリー八世は、自らの離婚問題をめぐってローマ教皇と対立して破門されたのを承《う》け、一五三四年、国王自身をイングランド教会の首長とする「首長令 Act of Supremacy」を発布、イングランド国教会の基礎を築いた。この動きは、ローマ・カトリック教会からの分離独立を実現したという意味ではイングランドにおける宗教改革の開始を告げるものではあったが、教会の統治体制の改革にとどまり、神学的にはカトリックの教義や儀式の改革にまでは及ばなかった。次に即位したエドワード六世の時代には、プロテスタント的な改革が進められ、一五四九年の「祈禱方式統一法 Act of Uniformity」に続いて、一五五二年、カルヴィニズム色の強い「一般祈禱書 Book of Common Prayer」が制定された。続く女王メアリ一世は、エドワード六世の政策に反対し、イングランドにおけるカトリック教会の復興を図る反宗教改革を推し進めて「一般祈禱書」を廃止し、プロテスタントに対する過酷な迫害を行って、「血のメアリ」とも称された。ついで即位したエリザベス一世は、メアリ一世によるカトリック化政策の行きすぎを改めるため、再び「首長令」と「祈禱方式統一法」とを発布し、神学上の教義の整備を図るなど、イングランド国教会の確立を推進した。

(102) the mansions of the blessed.

(103) national church.〔ラテン語〕ecclesiam aulicam.

(104) indifferent things.〔ラテン語〕res adiaphoras.「非本質的な」と訳した indifferent は、もともと善でも悪でもない道徳的に無記な行為を形容し、ギリシャ語を語源とするラテン語の adiaphoros が、キリスト教神学に取り込まれて英訳された言葉である。聖書において、明示的には禁じられても命じられてもいないことがらや行為、魂の救済に「不可欠な necessary」ことがらとの対比で救済に不可欠でも本質的でもないことがらや行為を形容する言葉として用いられた。長い神学論争を通じて、例えば、礼拝の日時をいつにし、場所をどこにするのか、礼拝の際に着用する衣服の色を白にするのか黒にするのか、跪《ひざまず》いて礼拝するのか立ったまま礼拝するのかなどは「非本質的な」ことに属し、各教会の決定に委ねられるとされた。イングランドの場合、十七世紀に入ってイングランド国教会とピューリタン諸教派との間の激しい対立を背景に、何が「非本質的な」ことがらであり、それを決定する権威が世俗権力と教会とのいずれの側に帰属するのかは、宗教的にも政治的にも論争の的となった。ロックは、この論争に関して、政治社会の秩序や安全を重視する視点に立ち、「非本質的なことがら」の決定権を世俗権力に全面的に委ねる初期の立場から、それを可能な限り広く自発的結社としての各教会の自由に委ねようとする中・後期の立場へと力点を移動させた。この力点の移動が何を意味し、なぜ生じたかの詳細は、「解説」を参照されたい。

(105) 公共善と法との関係をめぐる同様の視点は、『統治二論』二九三、三九五頁にもみられる。

(106) 『イザヤ書』第一章一二節。

(107) civil jurisdiction.〔ラテン語〕jurisdictio civilis.

(108) ale.

(109) circumstance.〔ラテン語〕circumstantia.

(110) habit.

(111) ユダヤ教におけるこうした厳しい律法主義を指摘することによって、ロックは、礼拝の形式を厳格に定めて強制するキリスト教界の不寛容はパリサイ的である、と暗示しているといえる。

(112) 『コリント前書』第一四章二六・四〇節を参照。

(113) 日曜日ではなく土曜日を安息日とみなす人々もいた。

(114) この「次に」は、六〇頁の「私が(第一に)申し上げたいのは」を承けている。

(115) the primitive Christians.

(116) 古代ローマの詩人ウェルギリウス(Vergilius)の『田園詩 *Eclogues*』に登場する羊飼いの名である。

(117) murrain.

(118) 周知のように、カルヴァンはジュネーヴで神政政治を布《し》いたが、政治と宗教との分離がなされなかった点において、ロックの目には、例えばルイ十四世治下の同時代のフランスと二重写しになっていた。「暴力と流血」という表現は、一五五三年に起こったカルヴァンによるセルウェトゥス(Michael Servetus)の処刑を想起してのものであろう。火刑によるその処刑は、カトリック側にはカルヴァン派を批判する格好の材料を提供し、カルヴァン派には寛容論を展開する上での大きな桎梏《しっこく》となった。

(119)「ある近隣の国」はフランスを、「インドではキリスト教徒が弾圧される」は、ロックも知悉《ちしつ》していたムガール帝国皇帝アウラングゼーブ(Aurangzeb)による迫害を指す。

(120) native Americans のことである。

(121) country.

(122) bowels of humanity.

(123) law of nature.〔ラテン語〕bonos mores.「自然法」というポップルの訳は意訳であり、ラテン語に忠実に「善き道徳 good morals」と訳したほうがよいであろう。

(124) reason.

(125) court-church.〔ラテン語〕ecclesia aulica.

(126) キリスト教世界においても、例えば、トマス・アクィナスやリチャード・フッカーは、これら三つの法を区別する立場に立っていた。次の文章が示すように、ロックは、実定法として与えられたモーゼの律法はイスラエルの民にだけ適用されるべきであるとの立場から、そうした区別をキリスト教国へ適用するのは「馬鹿げた」こととしたのである。

(127)『申命記』第五章一節。

(128) theocracy.〔ラテン語〕theocratia.

(129) ラテン語版テキストでは、「政治的共同体と教会との間には……からです」の前に、「キリストの誕生以後のようには uti post Christum natum」の一文がある。

(130) Christian commonwealth. 〔ラテン語〕respublica Christiana. ここには、『リヴァイアサン』第三部「キリスト教政治共同体」において、ルソーが「宗教の秩序と政治の秩序」という「ワシの双頭」を統一しようとしたと評したホッブスへの原理的な批判が含意されていると解することもできよう。詳細は、加藤節『近代政治哲学と宗教』(東京大学出版会、一九七九年初版、二〇一一年二刷)を参照されたい。

(131) strangers.

(132) 旧約聖書の言葉に託して、「他の国の人々」の教会にも寛容を認めるべきだとしたロックの主張の背後には、カトリックの迫害を逃れて亡命したユグノーたちが、亡命先のオランダやイングランドの人口増や経済的な発展に貢献したことを評価する国家政策的な配慮も働いていたといってよい。

(133) nations. 〔ラテン語〕gens. この点については註(2)を参照されたい。

(134) 『民数記』第三三章五〇—五二節、『申命記』第二章九節、第七章一節参照。

(135) laws of empire. 〔ラテン語〕jus imperii.

(136) 『ヨシュア記』第二章九節以下。

(137) proselyte.

(138) law of the land. 〔ラテン語〕 lex civilis.

(139) citizen. 〔ラテン語〕 cives.

(140) people.

(141) great men.

(142) good life. 〔ラテン語〕 morum rectitude. ラテン語に忠実に訳すならば、「道徳的な正しさ」がより近いであろう。

(143) overseers.

(144) temporal.

(145) pravity. 〔ラテン語〕 improbitas. この点については、「解説」の註(6)を参照されたい。

(146) proprieties. この propriety は、当時の用語法で property と同義であった。

(147) 『統治二論』四〇六頁の叙述とほぼ重なる記述である。これは、「解説」でも述べるように、『統治二論』が『手紙』よりも先に執筆されたことの当然の帰結であり、また、後者が前者のコロラリーと評される理由の一つでもあるといってよい。

(148) multitude of citizens. 〔ラテン語〕 multitude civium. ロックが、外敵の侵略を阻止するための国力を示す指標として人口の多さを重視していたことは、例えば、『統治二論』の三四三頁の叙述からもうかがわれる。

(149) 『統治二論』四五二—三頁参照。

(150) publick commodities. 〔ラテン語〕 publicis commodis.

(151) propriety.

(152) 『統治二論』の、「法が終わるところ、暴政が始まる」(五三九頁)という主張と同一である。

(153) nation.

(154) constitution.

(155) rule of right.

(156) prerogative. 通常、国王のもつ「大権」と訳されるが、ここでは文脈に応じて「特権」とした。

(157) 当時プロテスタントがカトリック教徒を非難する際の言説の一つであった。

(158) プロテスタントによるカトリシズム批判のポイントの一つであった。

(159) 註(69)参照。

(160) ロックは、寛容の原理それ自体を認めない人々を、寛容の対象から排除した。無神論者への寛容を否定する主張とともに、近代自由主義の定礎者とされるロックにも、政治社会において許容される自由には一定の限界があったことを示している。

(161) カトリック教徒を指す。

(162) mufti.

(163) state.〔ラテン語〕reipublicae Christianae. ポップルの訳の問題性については、註(78)を参照されたい。

(164) ロックが無神論者を道徳律廃棄論者として寛容対象から排除したのに対して、ロックの同時代人のスピノザとベールは、無神論者を不寛容に扱うべきだとは考えなかった。

(165) conventicles.〔ラテン語〕coetibus. 一六六〇年の王政復古の後、イングランド国教会体制の再構築を目指して「クラレンドン法典 Clarendon Code」が制定され、その一環として、非国教徒が礼拝のために、家族の場合を除いて五人以上が集まることを禁じる「秘密集会法 Conventicle Act」が一六六四年に成立した。この法に由来する「秘密集会 conventicle」という言葉は、以後、イングランド国教徒の間では「分派や反乱の温床」を指す語として広く流通した。ロックが「集会」を意味するcoetibusを使っているのに対して、ポップルがconventiclesと訳したのは、そうした時代状況を背景に、国教会体制への不満を特に強調する意図からであるといってよい。宗教的な集会を「分派や反乱」に追いやる原因を、集会それ自体の性質にではなく自由の抑圧に求めている点で、ロックもイングランド国教会の観点に批判的であった。

(166) 多くの訳者が指摘するように、この「良心の自由……人間の自然権」は、ポップルによる大胆な意訳である。ラテン語版テキストは単に「他の教会への寛容の原理」であり、ロックは「良心の自由」という概念も「自然権」という言葉も用いてはいない。背後には、宗教的な少数派であるユニテアリアン派に属するがゆえに、「良心の自由」が普遍的な「自然権」として認められることを願うポップルの意図がひそんでいると解することができるであろう。

(167) exchange. 〔ラテン語〕 collegiis.

(168) head. 〔ラテン語〕 caput.

(169) galleys. 〔ラテン語〕 ergastulum. ポップルが、「奴隷の牢獄」を意味するラテン語版テキストをガレー船と訳した背景には、多くのユグノーが囚人奴隷としてガレー船に送られた同時代のフランスの過酷な迫害状況があろう。

(170) civils.

(171) 暴政に対する人民の抵抗権について論じた『統治二論』後篇第一九章において、ロックは、「権利に反して全面的に悪しき取り扱いを受ける人民は、あらゆる機会を捉えて、自分たちに重くのしかかっている重荷を取り除いて楽になろうとするであろう」(五六五頁)と述べて、騒乱や反乱の責任の所在に関する同様の見解を示している。

(172) citizen. 〔ラテン語〕 cives.

(173) government and education.

(174) company.

(175) 宗派の多元的な共存状態が、宗派相互の監視や抑制を可能にし、公共の平和に資するとするロックの視点は、政治社会の秩序を維持し、統一を図るという純粋に国家政策的な配慮からユグノーへの寛容を求めたフランスのかつてのポリティークの主張に通じるものがある。しかし「解説」でも述べるように、ロックは、立論の根拠を政教分離論に置き、寛容を、政策的配慮よりもはるかに原理的なレベルで要求した点を見失ってはならない。

(176) ここでいう監督派とはイングランド国教徒を、長老派とはイングランド内戦期にはイングランドで、名誉革命後にはスコットランドで主流派となったカルヴァン派を指す。「教会規律」に当たる英語は discipline である。

(177) sanctuaries.

(178) halls.

(179) slanderers.

(180) 註(60)(61)でも述べたように、ポップルは、ラテン語版の英訳にあたってときに内容のイングランド化を試みているが、これもその例。ラテン語版テキストでは「レモンストラント派、反レモンストラント派、ルター派、再洗礼派、あるいはソッツィーニ派」とある。

(181) synagogues.

(182) ポップルが「軽率な大衆の軽信にもとづく迷信 the credulous superstition of the giddy multitude」と訳した部分は、ラテン語版テキストでは「常に迷信的であり、したがってまた空虚な頭の持ち主である民衆 populum superstitione semper vanum」である。

(183) goods. 財産が「誠実な勤勉さによって得た」とされている点は、人間の「固有権 property」のうちの「資産 estate」が、「労働」によって得られたとする『統治二論』後篇第五章の視点と正確に重なる。

(184) laws of equity.〔ラテン語〕jus.

(185) ロックが、宗教的迫害に対する武力抵抗を合法的とみなしていることを示すきわめて重要な箇所である。注目すべき点が三つあるといってよい。第一は、ロックが、宗教を理由として人間の「自然権 natural right」(ラテン語版テキストでは「神と自然とが人々に与えた権利 jura sibi a Deo et natura concessa」)を奪うことはできないとしたことである。これは、政治と宗教との分離を説き、政治が保全すべき「現世的利益」や「固有権」はいかなる信仰をもつ人々にも普遍的に与えられた自然の権利であるとするロックの立場からは当然の主張であった。第二は、宗教的迫害への武力抵抗の例としてロックの念頭にあったのが、おそらく、フランスのユグノーがカトリックによる迫害に対して試みた果敢な武力抵抗の歴史であったことである。ロックの判断では、このフランスの事態は単に『歴史上の』例にとどまるものではなかった。すぐ後で、宗教的迫害に対する武力抵抗は「これからも」起こりうるであろうと記されている点が示唆するように、ロックが『寛容についての手紙』を執筆したのと同じ一六八五年、ルイ十四世はナントの勅令を廃止して、ユグノーを徹底的に迫害する政策に踏み切ったからである。第三の点は、宗教的迫害への武力抵抗の合法性を説く『手紙』の視点が、『統治二論』にもみられることにほかならない。「固有権」の保全という信託された目的を超えて権力を行使する「暴政」について論じた箇所で、ロックは次のように主張する。「人民が、良心に顧みて、自分たちの法も、それとともに自分たちの資産、自由、生命も、更には自分たちの宗教も危機に瀕していることを確信するに至る場合とかに、人民が自分たちの上に行使されている不法な暴力に抵抗するのをどうしたら阻止できるのか、私には語ることができない」(五四六頁)。この点に注意する限り、『統治二論』におけるロックは、明示的には語っていないものの、人民の信託にもとづいて政治権力が保全すべき「固有権」に属する自由のうちに信仰の自由も含ませており、それが、政治と宗教とのあるべき関係の探究を直接的な主題とする『手紙』において、より明確な形で強調されたとも解しうるであろう。

(186) good men.

(187) tyranny. ロックにおける「暴政」の概念については、『統治二論』の五四八—九頁註(1)を参照されたい。

(188) オウィディウスの『転身譜 *Metamorphoses*』の一節である。

(189) state-affairs. ［ラテン語］ rebus politicis. ラテン語版テキストに忠実に「政治的なことがら」としたほうが、政教分離という観点からもより適切であろう。

(190) 〔追伸〕という見出しは、ラテン語版テキストにも英語版テキストの初版にもなく、ポップルが技術的な修正を加えて一六九〇年に出版した第二版において付されたものである。「異端」と「分派」とについて論じたこの〔追伸〕は、本文とはトーンを異にすることから、それが、いつ、そしてなぜ付け加えられたのか、研究者の間で議論されてきた。それについては、本文が書かれてからしばらく経ったあと、本文とは別に、主として、カルヴァン派の正統派から「異端」や「分派」と非難されていたオランダのレモンストラント派の立場を擁護する意図を込めて執筆されたものと考えてよいであろう。ロックがオランダ亡命中に親交を結んだのは、この『手紙』を執筆する機縁を作った神学教授リンボルクに代表されるレモンストラント派の人々であった。レモンストラント派については註(60)を、リンボルクとロックとの関係については「解説」を参照されたい。

(191) heresie.〔ラテン語〕haeresi.

(192) apostate.〔ラテン語〕apostate.

(193) infidel.〔ラテン語〕infidelis.

(194) papist.〔ラテン語〕Pontificii.

(195) decrees of popes.〔ラテン語〕Pontificis decreta.

(196) 「聖ヨハネのキリスト教徒」が何を指すかは諸説あるが、次の二つが特に有力であるといってよい。一つは、騎士修道会の一つであり、マルタ島に本拠を置くようになった十六世紀以降はマルタ騎士団とも呼ばれた「ヨハネ騎士団」と解するものである。もう一つは、ヨルダンで洗礼者ヨハネから洗礼を施された人々の末裔であることを自称し、七世紀にメソポタミア低地地域に定住していたカルディア人のキリスト教徒とみなすものにほかならない。「ヨハネ騎士団」は当時、ラテン名で Milites Hospitales Sancti Johannis, 英語名で Order of the Hospital of St. John として知られていたにもかかわらず、ロックがその呼称を用いていない点から、後者を指すと解するほうが自然とも考えられるが、いずれにせよ確定するのは困難である。

(197) symbols.〔ラテン語〕articulos fidei.

(198) analogy of faith.〔ラテン語〕analogiae fidei.「信仰の類推」とは、十七世紀当時、聖書において意味が曖昧な章句は、意味が明確な章句からの類推により、意味の明確な章句と矛盾しない形で解釈されるべきとする神学上の概念であった。

(199) Holy Spirit.〔ラテン語〕Spiritus Sancti.

解　説

加藤　節

ここに訳出したロックの『寛容についての手紙』(以下、『手紙』と略記)は、短いものでありながら、歴史のなかに重要な位置を占める作品であった。

まず指摘すべき点は、『手紙』が、ヨーロッパの十七世紀が生んだ寛容論を代表する優れた古典として、次世紀の寛容論に継承すべき貴重な思想的遺産を残したことである。無実のユグノーを処刑した「カラス事件」の不当性を批判したヴォルテールの『寛容論』(一七六三年)は、それを引きついだ例であった。そこでは、ヴォルテールが「賢者」と呼んで高く評価したロックの『手紙』を想像力の一つの源泉としたことを示す箇所が目につくからである。

こうした思想面においてだけではなく、『手紙』が歴史の動向に与えた現実的な影響にも大きなものがあった。十八世紀以降の近代世界にとって、それは、政治社会と宗教との関係を定式化するための実践的な指針となったからである。その意味で、ある思想史家がいうように、ロックは、哲学や政治学の領域においてだけではなく、寛容論の分野でも、たしかに「十七世紀に身を置きながら十八世紀を支配した思想家」(1)であった。

以下、歴史上、このような位置に立つ『手紙』を理解するために注意すべきだと思われる点にふれながら、『手紙』への一つの道案内を試みてみたい。最初に、テキストをめぐる予備的考察を行い、次いで、寛容をめぐるロックの思索の跡をたどり、最後に、『手紙』のうちに表出されたロックの思想世界に光をあてるという順序で叙述を進めることにする。

なお、あらかじめお断りしておきたいことが二つある。一つは、文中「　」で示した『手紙』本文からの用語や文章の引用に関する註をすべて割愛したことであって、これは煩雑さを避けるためであった。もう一点は、この「解説」で『手紙』の思想内容を扱った部分が解釈の領域にまで踏みこんだものになっていることである。それは、単純な理論形式を通して表現された言説の背後にひそむ『手紙』の重層的な思想の世界を読み解こうとしたことの結果であった。そうした箇所が、本書を手にとってくださる方々にとって少しでも参考になることを願いながら、『手紙』に関する具体的な叙述を始めることにする。

I　テキストをめぐる予備的考察

一　ポップルの翻訳について

本書は、ポップルが、一六八九年の春にオランダのハウダで公刊されたラテン語版テキストを英訳し、同年秋にロンドンで出版した英語版の『手紙』を邦訳したものである。したがって、何よりもまず、本書が底本としたこのポップル版の翻訳についてふれておかなければならない。その場合、取り上げるべき論点は二つある。ラテン語版テキストとポップル訳との間にどのような異同が認められるかの問題と、ロック自身が「自らの関与なしに(2)」行われたポップルの訳業をどう評価していたかの問題とにほかならない。

『手紙』のラテン語版テキストと英語版テキストとの比較を試みた研究者がほぼ一

致して指摘しているように、ポップル訳には、ラテン語版テキストに誇張や強調を加えた部分が少なくない。例えば、悪徳が「恐るべき悪徳」に、狂信者が「熱烈な狂信者」にされているのはそうしたものに属する。また、ポップル訳には、原文を削ったり、逆に原文にはない言葉や文章を付加したりした箇所、用語や宗派の呼称などをイングランド社会の文脈に合わせて変更した部分が目立つことも認められてきた。さらに、以上のような誇張や修正に、ポップルが属したユニテアリアン派の宗派的党派性の反映をみる論者も存在する。

このように、ポップル訳による英語版は、ラテン語版テキストの厳密な逐語訳ではなく、かなりの数に上るそれとの異同を含むものであった。けれども、ポップル訳を手にしたロックが、そうした事実を理由として、その訳業に低い評価しか与えなかったわけではない。事実はむしろ逆であって、ロックはポップルの翻訳を自分の意に適《かな》うものとみなしていた。その点を示す二つの有力な証拠を、政治権力が信仰を「間接的に」強制することの有効性を容認する立場から『手紙』を批判したJ・プロウストに対するロックの反論のなかに見いだすことができる。

一つは、ロックが、「迫害」の「愚かさ」を強調したポップル版のある訳文について、「より逐語的に」訳したほうがよかったとしながらも、しかし、「翻訳者が……極端な愚かさを生き生きと描写する言葉で著者が意味したことを表現することを選択した場合には、翻訳者は非難されるべきではない」(3)としてポップルの訳を擁護したことである。もう一つは、ロックが、プロウストに反論するにあたって、ポップル訳を修正することなくそのまま用いたことにほかならない。これらの事実は、ロックが、寛容をめぐる自分の真意がポップル訳で十分に尽くされていると考えていたことをあきらかに示すものであった。

ロックによるこうした評価が示唆するように、ポップル訳の『手紙』は、ラテン語版テキストで述べられたロックの見解を全体としてはほぼ正確に再現するものであった。そうでなければ、ポップル訳の『手紙』が、ロックの寛容思想を忠実に表す作品として繰りかえし刊行され、世界中で広く読み継がれてきた理由を説明することはできないであろう。いうまでもなく、本書が、ポップル訳を『手紙』の底本としたのも、そうした点に注目してのことであった。

では、ポップルが、その内容の同時代的な重要性を直感して刊行後すぐに英訳を思い立ったラテン語版テキストの『手紙』は、どのような背景の下に執筆され、いかなる形式上の特徴をもっていたのであろうか。次に、その点についてみておくことにする。

二　成立事情と匿名性

ラテン語版『手紙』の初版には、書名の下にT.A.R.P.T.O.L.A.とP.A.P.O.I.L.A.という二つの暗号を含む一文が付されていた。これらの謎めいた暗号が何を指すかはしばらく不明のままであり、ポップル版でもその一文はすべて削除されている。暗号が解読されてその文意全体があきらかになったのは、一七〇四年のロックの死後、一七〇五年になってからであった。すなわち、ロックの親しい友人で、『手紙』をめぐる事情にも深く通じていたJ・L・クレールの手によって、それが「レモンストラント派神学教授で暴政を嫌うアムステルダム人のリンボルク閣下に、平和の友で迫害を嫌うイングランド人のジョン・ロックより」を意味するものであることが明かされたのである。

こうした事情は、『手紙』の成立事情と匿名性とを教えてくれる。

上記の一文が示すように、『手紙』は、オランダ人の神学者P・ファン・リンボルクという人物の書簡に対するロックからの返信という形式をとって執筆された。それは、次のような事情からであった。周知のように、ロックは、「王位排斥法案」をめぐる王党派と議会派との熾烈な対立、議会派の敗北、議会派のリーダーであり自らの主であったシャフツベリ伯のオランダ亡命と客死、王党派による弾圧の強化といった一連の事態を受けて、一六八三年、オランダに亡命した。そのロックに対して、イングランド当局の追跡から身を隠すための親身の助力を惜しまなかったのが友人のリンボルクであった。

しかも、そのリンボルクは、宗派的にはカルヴァン派のうちのレモンストラント派に属する神学者として、寛容問題に切実な関心をもたざるをえない境遇に置かれていた。当時のオランダでは、二重予定説をカルヴィニズムの正統な教義とみなす厳格なゴマルス派が、有力諸州の総督オラニエ家の強大な権力を後ろ盾に、人間の自由意志をより広く認める立場に立ち、共和派に支持を仰ぐレモンストラント派を異端あるいは分派として排斥しようとする動きが強まっていたからである。

このように、神学的にも政治的にも寛容問題を喫緊の課題としていたリンボルクは、ロックとの対話のなかで、その問題へのロックの回答を求めたのである。若い頃から寛容問題に関心を寄せてきたロックは、自分と同じように迫害の脅威にさらされているレモンストラント派への共感から、リンボルクの要請を快く受け容れた。もとより、その結実が『手紙』である。ロックが、原稿を、オランダを中心とする大陸の読者を想定してラテン語で執筆したのは、一六八五年の秋から冬にかけてのことであった。それは、カトリックの最強国フランスで、ルイ十四世が「ナントの勅令」を廃止してユグノーの根絶を目指す政策を再開し、ヨーロッパに不寛容の精神や迫害の恐怖が広がるなかにおいてであった。

以上のような成立事情のほかに、テキストとしての『手紙』に関連して注意すべき点がもう一つある。『手紙』の発信者名が読解不能な暗号で記された点に象徴されるように、ロックが、それを匿名の形式で出版したことにほかならない。しかし、ロックが、自分の作品を匿名で公刊した例は、『手紙』に限られない。彼の生前に刊行された主要な著作のうち、『人間知性論』(一六八九年)を除く次の作品群、『統治二論』(一六八九年)、第二、第三の『手紙』(一六九〇年、九二年)、『キリスト教の合理性』(一六九五年)にも著者名が付されていなかったからである。(4)

しばしば指摘されるように、これらの作品の匿名性が、極端な秘密癖といったロックの性格に起因する面があったことは否めない。しかし、そこには、自己防衛の必要性というより切実な歴史的理由が隠されていた。著者名なしに出版されたロックの上記の作品それぞれの主題をなす政治権力の正統性の問題、寛容の問題、キリスト教の本質に関する問題は、いずれも、十七世紀において、党派性をもってもっとも熾烈に論争され、非難や迫害がただちに予想される危険なものであった。こうした状況下に生きたロックにとって、論争的なテーマを扱う自らの著作を匿名で世に問うことは、政敵や論敵による攻撃や批判から身を守るための深慮に根ざすきわめて自然な選択だったのである。

こうした事情から、『手紙』は匿名で出版されることになった。その事実に関連して注意すべき点は、匿名性のゆえに、『手紙』が、著者名を付けずに公刊されたロックの他の作品にも共通する一つの性格を帯びることになったことである。それは、『手紙』の内容の真意を吐露する誠実性にほかならない。『手紙』を匿名で公刊することを決断したロックには、もはや、迫害を避けるために、奴隷の言葉やメタファーの使用のような叙述の技法を弄して真意の韜晦《とうかい》を図る必要性がほとんどなかったからである。その意味で、『手紙』は、ロックが、寛容をめぐるさまざまな論点について自分が考えていることを隠すことなく、いわば直叙法によって誠実に表白した作品であった。ポップル版が、それを全体としてはほぼ正確に再現したテキストであったことは、先に述べた通りである。

以上で『手紙』をめぐるテキスト問題の考察を終えたので、われわれの作業もテキストそれ自体の考察へと移行することになる。しかし、その作業に直接入る前に、やや論点の先取りにはなるものの、『手紙』へといたるロックの思索の跡を簡単にたどっておくことにしたい。それによって、『手紙』を理解するための重要な手がかりが得られるからである。

II 『手紙』への道

一 思考様式の一貫性

前述したように、ロックは、政治問題と宗教問題とが交錯するイングランドの同時代史を生きるなかで、宗教に対する政治権力の統制範囲をめぐる寛容問題に早くから関心を寄せ、長い思索を続けてきた。一六六〇年代初頭に書かれた初期の『世俗権力二論』、一六六七年に執筆された中期の『寛容論』、そして、後期の『手紙』がその思索の各段階を代表する作品であった。その場合、ロックがそうした作品を残しながらたどった思索の歴史には、大きな特徴が二点認められる。思考様式の一貫性がみられること、初期から中・後期にかけて思想の変容が生じたことにほかならない。前者については本項で、後者については次項で論じることにする。

ロックの寛容思想には、初期から後期まで一貫して維持された二つの思考様式があった。一つは、「政治的統治の任務と宗教の任務と」を区別しようとする思考様式であった。通常、政教分離と呼ばれるこの思考様式は、ロックの寛容論において、宗教の「本質的な」部分については政治権力による統制を否定した『世俗権力二論』以来、『手紙』まで変わることなく貫かれたからである。

もう一つは、政教分離を大前提としながらも、「政治社会」の公的な秩序を守るために寛容に一定の制限を課そうとする思考様式であった。「政治社会」のなかで生きる人間の信仰に一切の制約を加えず、宗教の「絶対的な自由」を容認することに消極的なこうした思考様式も、寛容をめぐるロックの思索において終始保持されたものであった。

このように、『手紙』へといたるロックの寛容思想の歴史は、政治と宗教との分離を基本枠組みとして維持しながら、その枠内で、政治的秩序の確保という観点から信教の自由に何らかの歯止めをかけようとする一貫した思考様式に支えられていた。しかし、その『手紙』への道には、無視することのできない思想の変容がひそんでいた。やや複雑なその跡を、簡潔にふりかえっておくことにしたい。

二　思想の変容

寛容をめぐるロックの思索の歴史からうかがわれる思想の変容とは、次のようなものであった。すなわち、秩序のための統制から自由へと力点が移動して、宗教に対する政治権力の統制範囲が極小化され、教会や個人の信仰の自由度が極大化されたことにほかならない。初期のロックが、救済にとって「非本質的なことがら」に関しては政治権力による絶対的な統制を認める権威主義的な立場に立っていたのに対して、中・後期の彼は、信仰箇条はもとより、外的な礼拝についても大幅な自由を容認するリベラルな立場へとあきらかに移行したからである。

寛容思想のこうした変容が生じた背景には、イデオロギー的な要因がなかったわけではない。例えば、中期の『寛容論』には、ロックが、反国王闘争を進めるために非国教徒への寛容政策を求めたシャフツベリ伯の立場を擁護する意図がこめられていた。けれども、寛容思想の変容を導いた要因のうちでもっとも決定的だったのは、理論的な要因、具体的には、『手紙』に先立つ次のような認識論と政治学との成熟であった。

一六七〇年代に探究が開始され、『人間知性論』に結晶した認識論については、自律的な認識主体像の確立と、初期の独断論の清算との二点に注目しなければならない。まず、自らの認識能力を用いて対象を自律的に認識する主体像の確立は、信仰の他律的強制を拒否して自身の信仰を自ら検討し、選択する個人の信仰の自由への道を開くものであった。また、ロックが、『人間知性論』において、初期の『自然法論』が秘めていた独断論的性格を清算して、人間の認識能力の限界と可謬性とを承認する視点にいたったことも、寛容論のリベラルな立場への変容を導く要因となった。その視点は、「為政者」から、特定の宗教を疑いえない「真の宗教」であると独断した上でそれを権力的に強制する認識論的根拠を奪う役割を果たしたからである。

また、一六八〇年代初頭に執筆され、政治権力の目的を人間の「固有権」である「生命、健康、自由、資産」の保全に厳格に制限した『統治二論』の場合も、事情は同じであった。ロックの政治学の頂点に位置する『統治二論』のその立場は、政治権力が来世の救済に関わる宗教に干渉する権利を原理的に否定して、政教分離の原則と信仰の大幅な自由とを確認した『手紙』のリベラルな立場を必然的に導くものであったからである。『手紙』が、しばしば『統治二論』のコロラリーであると評される理由もそこにあった。

以上みてきたように、『手紙』への道は、ロックの寛容論が、政治的秩序を重視する立場を維持しつつも、政教分離の枠内において秩序のための厳格な統制から自由の広範な容認へと重点を移動させていった過程であり、その変容を促した主たる要因は、ロックが、『手紙』を、それ以前にはすでに成熟に達していた自らの認識論と政治学とを理論的な前提として執筆したことであった。こうして、われわれも、ロックが、『手紙』を書くことによって表現しようとした思想世界を考察する地点にようやく到達したことになる。

Ⅲ 『手紙』の思想世界

一　政教分離論の原理と意図

今までの叙述からあきらかなように、ロックの『手紙』を特徴づけるもっとも基本的な理論枠組みは政教分離論であった。したがって、『手紙』に示されたロックの思想世界を考察する場合、中心的な課題は、政教分離の理論形式を通して表出されたロックに独自の思想を解明することに求められる。その思想がどのような内容をもつものであったかを理解するためには、何よりもまず、ロックの政教分離論を導いた二つの原理に注目しなければならない。

第一の原理は、人間が「構成」する正統な「政治的統治」の目的を、「生命、自由、健康、身体的苦痛からの解放、そして……外的な事物の所有」からなる「現世的利益」の保全に局限する権力制限論であった。『統治二論』の立場と正確に符節を合わせるこの権力制限論は、『手紙』において、政治権力は「魂の救済にまでは手を伸ばすことはできない」とする政教分離の主張を、正統な「政治的統治」に課せられた固有の目的の側から基礎づける政治的原理として機能したからである。

『手紙』には、政教分離論を支えるもう一つの原理があった。それは、キリスト教の精神を、来世における「永遠の生命」の享受を固有の目的とする点で、「現世的利益」

に関わる「政治的統治」とは本来的に親和しえない彼岸性において捉える宗教的原理であった。ロックが、「キリストは……いかに永遠の生命に到達することができるかをたしかに教えはしましたが……政治的共同体を設立したわけではありません」とし、「福音の下においては、キリスト教政治共同体などというものは絶対に存在しないのです」といいきっている事実がそれを示している。その意味で、キリスト教の支配的な精神を彼岸性に求めるロックにとって、政治と宗教との抱合体制は、いかなる形態のものであれ、キリスト教それ自体の名において否定されるべきものであった。

以上のように、ロックの政教分離論は、政治と宗教とに関わる二つの原理に支えられていた。しかし、『手紙』に表出されたロックの思想をあきらかにするために真に問われなければならない問題は、むしろその先にある。それは、政教分離論によってしか表現されえなかったロックに独自の思想世界とはどのようなものであったかにほかならない。例えば、十七世紀の寛容論史を代表するスピノザ、ロック、ベールのうちで、ロックだけが政教分離論に依拠して寛容論を展開した事実は、その理論枠組みを採用させた何かロックに特有の思想的根拠があったことを強くうかがわせるからである。(5)

この問題への解答は、ロックが政教分離論の主張にこめた次のような意図のうちにひそんでいる。それは、キリスト教信仰と「政治的統治」とに対して、それぞれが固有性を純粋に維持するために逸脱してはならない理想的なあり方を提示することであった。

事実、ロックが政教分離論を基礎づけるにあたって依拠した二つの原理は、いずれもそうした意図に出るものであった。政治的原理は、「政治的統治」が「現世的利益」の保全だけを行い、「魂の救済」に介入しない限りにおいてのみ正統な「政治的統治」たりうることを示し、宗教的原理は、キリスト教が来世における「永遠の生命」への到達だけを目指し、現世的な政治権力と癒着しない限りにおいてのみ、イエスの教えに忠実な真のキリスト教たりうることを示すものであったからである。

このように、ロックの政教分離論の意図が、「政治的統治」と信仰とのあるべき理想的な姿を示すことであったとすれば、そこから、『手紙』の思想世界を解読するためにさらに問うべき問題が発生する。それは、ロックが、何を根拠として、政教分離を不可避的に導くような「政治的統治」と信仰とのあるべき固有の形態を構想したのかにほかならない。この難問を解く鍵は、ロックが、それらを、人間に与えられた条件に引照して描いた点にひそんでいる。

二　人間の条件と政教分離論

『手紙』を読み解くにあたって見逃すことができない点の一つは、ロックが、絶えず人間の所与の条件に関連させつつ「政治的統治」と宗教とのあるべき姿を描き、政教分離論を正当化していることである。

ロックは、まず信仰に関連して二つの人間の条件をあげている。第一は、人間が「永遠の幸福か永遠の不幸かに至りうる不死なる魂」をもつことであった。しかも、ロックによれば、これが否定しえない人間の所与の条件である限り、「永遠の幸福」すなわち「魂の救済」のために不可欠な「神が命じたことがら」を「現世において信じ、行う」ことは、人類に不可避的に課せられた「最高の義務」であった。そこから、ロックは、神が命じたことを「知性」を用いて「探究」し、それを「実践」することに「われわれの最大限の配慮と努力と勤勉さとが向けられなければならない」とするのである。

しかし、ロックは、その場合にも、各人の義務である「救済への配慮」については

「誰でも自ら判断を下す至高で絶対的な権威をもって」おり、その配慮を、「為政者」の政治権力による他律的な決定に「盲目的に」委ねることは原理的にできないとした。ロックがその理由としてあげたのが、『人間知性論』の認識論と深く関連する第二の人間の条件であった。それは、人間が所与のものとして備えている「知性」の「本質」は「外的な力によって何ごとかを信仰するように強制されえない」自律性にあるという条件であった。「知性」をめぐるこうした人間の条件を前提にする限り、各人が「知性」を用いて自ら自律的に「決定」し、それゆえに「心の内的な確信」に裏づけられた信仰だけが真の信仰の名に値するものであり、政治権力によって他律的に強制された宗教はその範疇には入らないものにならざるをえないであろう。その意味で、ロックは、自律性を「本質」とする「知性」を備えた人間の条件との適合性に依拠しつつ、「不死なる魂」をもつ人間を固有の目的である「永遠の救済」へと導く信仰のあるべき姿を描き、政教分離論を正当化したのである。

ロックは、同じように、「政治的統治」についても、それを人間の条件に関連させつつ意味づけている。その場合、彼は三つの人間の条件をあげた。第一は、人間が、「不死なる魂」のほかに「この地上における現世的な生をもってい」るという自明の条件であった。しかも、ロックによれば、有限の存在である人間のこの「現世的な生」は「脆《もろ》く、はかない状態」にあるから、「それには、支えとなるいくつかの便益をもたらす外的なものが必要で」ある。このように、人間が「現世的な生」を生きるためには、その支えとしての「便益」をもたらす「外的なもの」を欠きえないこと、これが、「政治的統治」に関連してロックのあげる人間の第二の条件であった。

そして、ロックは、この第二の人間の条件との関連において、「政治的統治」の目的の論証につながり、また、『統治二論』の主張と正確に符合する二つの論点を提示する。一つは、「現世的な生」を支える「便益」をもたらす「外的なもの」が、先にあげた「現世的利益」のうちの貨幣や土地といった「外的な事物」であること、そして、もう一つは、この「外的なもの」は、各人の「努力と勤勉とによって獲得され、維持されなければな」らないことであった。

その上で、ロックは、「外的なもの」をめぐって顕在化する人間の第三の条件を指摘する。「自らの労苦を払って必要に備えるよりも、むしろ不法にも他人の労働の成果を奪おうとする」人間の「堕落」、より厳密には、そうした「堕落」した人間の事実上の存在という条件にほかならない。(6) もとより、「堕落」に根ざす人間のこうした行動様式は、「地上における生の快適さと幸福とに役立」つ「現世的利益」への「固有権」を不安定なものに追いやらざるをえない。そこから、ロックは、『統治二論』と同様に、各人は、その「固有権」の不確実性を克服するために「相互扶助の契約」を結んで「政治社会」に「移行」し、「固有権」の「確保」を目的とする限りで正統性をもつ「政治的統治」の関係を樹立するとするのである。もとより、その場合にも、ロックが、注意ぶかく、「知性」の自律性という人間の条件を根拠に、「政治社会」に移行するための「契約」を結ぶ際にも「自分がいかなる信仰、いかなる礼拝をもつべきか」を決定する各人の「権威」は放棄されないとして、政教分離の原則を貫いたことはいうまでもない。

以上のように、『手紙』のロックは、常に人間の条件に引照しつつ、その条件にふさわしい信仰と「政治的統治」とのあるべき固有の姿を描き、政教分離の正当性を弁証した。では、ロックは、そうした論理を展開することによって、全体としてはたして何をしようとしたのであろうか。端的にいって、それは、人間が営む信仰生活と政治生活とのそれぞれについて、与えられた条件から人間に要請される生の規範的な形式を示すことであった。これまで論じ残してきたいくつかの重要な点にもふれながら、以下、『手紙』の思想世界に関して問うべきもっとも核心的なこの問題について考えることにしたい。

三　信仰生活をめぐる生の規範的形式

前述したように、所与の条件として「不死なる魂」をもつ人間に対してロックが求めたのは、神への「最高の義務」として「魂への配慮」に努めるべき生の規範的なあり方であった。その場合に注意すべき点は、ロックが各人の「救済への配慮」は「彼自身のみに属する」としているように、その「配慮」が、神に対する個々人の義務として徹底的に個人化されたことである。その場合、ロックにおける「魂への配慮」の個人化を支えていたものは、その「配慮」を導く各人の「知性」の他者に譲ることのできない自律性であった。その意味で、ロックが人間の信仰生活に関して各自に要求した生の規範的な形式は、「知性」の自律性という条件に支えられた宗教的個人主義のそれであった。ロックの信仰観の中核をなすこの宗教的個人主義に関連して、指摘すべき点が三つある。

第一は、十七世紀後半、信仰の真実性の確証はどこからくるかをめぐってキリスト教界で激しく論争された「信仰の分析」問題について、ロックが明確にプロテスタントの側に立っていたことにほかならない。ロックは、信仰の真理性の保証を教会の無謬の権威に求めるカトリックの「権威原理」の立場を否定し、その保証を「知性」による各人の探究と思索とにもとづく検討に委ねることによって、プロテスタントの「検討原理」に完全にコミットしていたからである。

指摘すべき第二の点は、ロックがこの「検討原理」に立つことによってきわめて深刻な問題に直面したことである。信仰の真理性の確証を各人の検討に委ねる立場は、「真の宗教」像が各人ごとに異なる信仰の主観化や相対化を招く危険性を本来的にはらんでいた。周知のように、カトリックによるプロテスタント批判の一つの核心もそこにあった。しかも、ロックは人間の「知性」能力の限界を認めていたから、ロックの場合、「検討原理」は、信仰の主観化や相対化に加えて、その可謬性を導く可能性を秘めていた。他方で、ロックは、「君主」が「真の宗教」であるとして定める体制宗教が国ごとに異なることの不合理性を批判して「ただ一つの天国への道しかない」としていたから、ここにおいて、ロックは、有限の「知性」が、誤ることなく「ただ一つの天国への道」をなぜ発見できるのかという難問をかかえることになった。

それに対してロックが打ちだしたのは、各人の信仰を「真の、そして救済をもたらす宗教」にするための不可欠な要件を、「心の内的な確信」に立ってそれをひたすら「信じる」ことに求める視点であった。ロックによれば、「真の宗教の生命と力とのすべては心の内で完全に納得するという点にあ」るからである。その意味で、ロックは、宗教的個人主義を生きる各人の信仰が相対性や可謬性をもちうる危険性を、信仰を真の信仰にする「心の内的な確信」という視点によって断ち切ろうとしたといってよい。

ロックの説く宗教的個人主義に関連して第三に指摘すべき点は、ロックの教会論がその個人主義の延長線上にあったことである。『手紙』に示された教会概念は、トレルチの分類に従えば「キルへ Kirche」型ではなく「ゼクテ Sekte」型であった。ロックは、まず、「いかなる人も、生まれながらにある教会の一員であるわけではない」として「キルへ」型教会を否定し、次いで、教会とは信仰を同じくする者の「自発的な結社」であると規定して「ゼクテ」型教会を本来の教会の形態とみなしたからである。

このように、ロックの教会概念が「ゼクテ」型であったことから、それが宗教的個人主義の系として構想されたことが容易に理解できるであろう。その概念に立てば、各人は、信仰を共有する人々とともに新たな教会を作ることも、教義や礼拝形式が自らの「魂の救済」に役立つと内的に確信できる既設の教会に加わることも、その確信が失われた場合には帰属する教会から離脱することも、すべて自らの意志で自由にできることになるからである。その意味で、ロックの教会論は、「魂への配慮」に努めるべき信仰生活を各人の自己責任に帰する宗教的個人主義から演繹されたものであった。

以上のように、ロックは、信仰生活において各人に求められる生の規範的な形式を、宗教的個人主義の遂行に見いだしていた。では、ロックが、人間の政治生活に対して義務として課したそれはどのようなものであったのであろうか。次に、その点を検討してみたい。

四　政治生活をめぐる生の規範的形式

ロックは、人間が「現世的な生」を支えるものへの「固有権」を確保することを目的として営む政治生活についても、人間がそれに則って生きるべき生の規範的な形式を提示した。その場合、ロックは、そうした生の形式を、「政治社会」の人的構成要素である「公民」一般、「聖職者」、「政治的為政者」それぞれに対して与えている。

『手紙』において「政治社会」の一員とされる「公民」にも、「私人」としての側面があった。そして、ロックは、「私人」としての「公民」に二つの生の形式を義務として要請した。すでに述べたことから容易に想像がつくように、一つは、自らの「魂への配慮」のために宗教的個人主義を貫くこと、もう一つは、「現世的な生」を支える手段である「外的なもの」を自らの「勤勉と努力と」によって獲得し、維持すべく努めることにほかならない。そして、この第一の生の形式から、自分や自分が属する教会とは信仰を異にする他者や他の教会に対して寛容であるべき各人の義務が生じる。これは、宗教的個人主義が前提とする信仰の相互主義の原則からいって当然のことであった。

また、「私人」としての「公民」に求められる第二の生の形式からロックが導いたのは、自分と異なった信仰をもつ他者の「現世的な享有物」を、直接あるいは「政治的為政者」の手を借りて、「侵害」したり「奪ったり」してはならないとする行動規範であった。いうまでもなく、現世的な事物は「宗教が関わるべきことがらではない」からである。その場合、この行動規範にはロックのある期待がこめられていた。

「他人の労働の成果を奪おう」とする堕落した心性を「内的な法廷」としての「良心」に照らして絶えず克服し、「善き生」を送ろうとする各人の努力への期待がそれである。

他方、「公民」が「政治社会」の構成者として他者と共存している限り、「公民」は「私人」として自己完結することはできない。そこから、他者との関係において「公民」に求められる生の規範的な形式が生じることになる。それは、一言でいって、「政治社会」から「立法権力」を委ねられた「政治的統治」の担い手である「為政者」が定める法に従って合法的に生きることであった。いうまでもなく、堕落性を秘める人間が「現世的利益」をめぐって引き起こす紛争を、法を手段として解決すること以外に、「現世的な生」のために不可欠な「政治社会」や「政治的統治」を維持する方法はありえないからである。

しかも、ロックにとって、「公共善のために政治的問題に関して制定された法」の「拘束力」は、「良心」のそれに対してさえ優先されるべきものであった。ロックは、「政治的為政者」が定める法が各人によって自らの「良心」に反すると判断される場合であっても、その「私的判断」が「法の拘束力」を失わせるわけではないとして、各人は法による「処罰」を甘受すべきであるとしているからである。

次いで、ロックは、「聖職者」に対しても厳しい、しかし、ある意味ではきわめて単純な生の規範的な形式を課している。それは、「平和と和合との説教者」としての自らの「天職」に忠実に、「政治的なことがら」には関与しないことであった。いかなる教派に属する「聖職者」であっても、宗教的なことがらのみに仕えることを求める政教分離の原則によって、「人々に武器を手にするよう扇動し、また戦争のラッパを吹き鳴らし続ける」ことは断じて許されないからである。これは、「打ち鳴らすドラム」によって「統治に関する誤った観念を流布させ」てきた「聖職者」を厳しく批判した『統治二論』と正確に重なる視点であった(7)。

このように、「公民」と「聖職者」とに対して、「政治社会」において生きる限り従わなければならない生の形式を与えたロックには、もう一つ、何よりも重要な仕事が残されていた。それは、「政治的統治」をになう「為政者」に対して、自己に課せられた固有の目的を果たすために服さなければならない生の規範的な形式を提示することであった。これに関するロックの見解は、この上なく単純かつ明快であった。その生の形式は、「教会」や「聖職者」が「政治的なことがら」に関与することを禁じた視点に対応して、「為政者」に、「現世的利益」の保全と確保とだけに関わる行為を義務づけ、「魂への配慮」に介入する一切の行動を厳禁すること以外にはありえなかったからである。ロックが、政教分離の原則に立って「為政者」に与えたこうした生の規範的な形式に関連して、特に注意すべき点が二つあるといってよい。

一つは、『手紙』のロックが、「政治的為政者」による信仰問題への介入を禁止するにあたって、聖書に規定がなく、救済に関わることもない「非本質的なことがら」についても例外とはしなかったことである。すなわち、ロックは、「為政者」が、あることがらを、それらが「非本質的」であることを口実として権力的に「宗教にもちこんだり、宗教的集会に押しつけたりする」ことを容認しなかった。ロックによれば、「非本質的なことがらであっても、神への礼拝においてはすべて非本質的なものではなくなる」ことがその理由であった。先に述べたように、こうして、『手紙』のロックは、政教分離の適応範囲を宗教上の「本質的なことがら」に限り、「非本質的なことがら」への「為政者」の絶対的な統制を認めていた初期の権威主義的な立場を最終的に清算したのである。

ロックが「政治的為政者」に対して与えた生の形式に関連して注意すべき第二の点

は、その形式のうちに寛容対象の除外に関する規範が含まれていたことである。この問題について考える場合、ロックが、「政治的統治」に、どのような論理によって固有の価値を与えたかを、あらためて考えてみなければならない。

その点についてまずいえることは、繰りかえし述べてきたように、ロックにおいて、「政治的統治」は、「現世的利益」の保全だけを目的とし、「魂の救済」に関与しないことによって初めて、「不死なる魂のほかに……現世的な生」をもつ人間の条件のなかに固有の位置を占める世界として価値化されるものであったことである。

しかも、その点にも微妙に関連して、「政治的統治」が価値化されるもう一つの側面があった。それは、間接的に、「政治社会」における人間の持続的な信仰生活を可能にするという側面にほかならない。先にも述べたように、『手紙』のロックが描いた各人の信仰生活の核心は、他者に妨害されることなく、「魂の救済」のために「神が命じたことがら」であると自らが内的に確信できることを「現世」において「信じ、行う」ことにあった。こうした信仰観は、「政治的統治」による「現世的な生」の確保なしに、「政治社会」に生きる人間の持続的な信仰生活も不可能であることを示している。その意味で、「魂への配慮」を各人の義務とした『手紙』のロックが、「政治的統治」が保全すべき「現世的利益」のなかに「生命」を入れたのは決して偶然ではない。「まず生きることなしに善く生きることはできない」としたスピノザと同じように、ロックも、「現世」においてまず生きることなしに「現世」における信仰生活もありえないと考えていたのである。

このように、『手紙』のロックは、「政治的統治」を、人間の「現世的な生」を直接保証するとともに、それによって、間接的に、「政治社会」における各人の信仰生活の遂行に貢献するという二重の意味で価値化したといってよい。

こうした論理によって、ロックが、「政治社会」の存続に不可欠な「政治的統治」を価値化した限り、そのロックが、「政治的統治」に固有の価値を否定したり、それに反したりするような見解や行動を寛容の対象から外すことはきわめて自然なことであった。ロックが、「政治的統治」の価値の保全を義務づけられた「為政者」が服すべき生や行動の規範として、彼の目にはいずれも「政治社会」や「政治的統治」を危うくする存在と映った次の四種類の人間を「寛容に扱う」べきではないとした理由もそこにあった。すなわち、それは、信義則のような「政治社会の維持に不可欠な道徳的規則」を否定する「意見」の持ち主、「統治権力を奪い取り、仲間である臣民の資産や財産を手に入れる」ことを意図して「寛容の義務」を否認する者、「自国のなかに外国の支配権が確立されること」を容認する教会の構成員[8]、そして、「人間の社会の絆である約束、契約、誓約」の拘束を受けない「無神論者[9]」にほかならない。

このように、ロックは、政教分離の原則に立って、信仰の自由を大幅に認めながら、「脆く、はかない」生を運命づけられた人間における「政治社会」や「政治的統治」のもつ固有の価値を認める視点をもちつづけることによって、最後まで、信仰に関する「絶対的な自由」や普遍的な寛容を認める立場にコミットすることはなかったのである。

以上みてきたように、『手紙』のロックが政教分離の理論形式を通して表出しようとした思想世界の核心は、人間の条件のなかに固有の位置を占める信仰と「政治的統治」とに関連して、人々がそれらの固有性を維持するために送るべき生の規範的な形式を提示することにあった。その意味で、『手紙』は、ロックが、政治と宗教とが混淆する時代状況のなかで失われた信仰と「政治的統治」との固有の意味や価値を回復するために、人間はいかに生きるべきかを説いた作品として読むことができるであろう。その点を結びとして、この「解説」を閉じることにしたい。

（1）　丸山眞男「ジョン・ロックと近代政治原理」（『丸山眞男集』第四巻、岩波書店、一九九五年）一七七頁。

（2）　これは、ロックが、死の直前に書いた「遺言」のなかの言葉である（*The Correspondence of John Locke*, edit. E. S. de Beer, Vol. 8, 1989, p. 426）。

（3）　Locke, *A Second Letter concerning Toleration, Works*, 1823, Vol. 6, p. 72.

（4）　ロックが、これら「自分の名前なしで」出版された作品の著者であることを認めたのは、上記の「遺言」においてであった。それは、オックスフォード大学のボードリアン図書館から自著の寄贈を求められたことに関連してであった。

（5）　参考までに記せば、スピノザの寛容論の核心は、哲学と神学とを峻別した上で、聖書を真理の体系と独断して自由な思考を抑圧することの不当性を主張した点にあり、ベールの寛容論のそれは、「迷える良心」の「権利」を認める独自の良心論に立って、無神論者を含むすべての人間への寛容を求めた点にあった。

（6）　ロックが improbitas というラテン語で表現し、ポップルが pravity と英訳したものを本書では「堕落」と邦訳したが、ロックのこの概念を、アダムの堕罪に由来する人類一般の原罪と解してはならない。ロックが『キリスト教の合理性』で強調したように、彼は、罪を個人の自己責任に帰し、また、アダムの堕罪の帰結を人間の可死性に求めたからである。したがって、ここでの「堕落」は、『統治二論』の場合と同様に、人間本性の「堕落」としてではなく、他人の労働の成果を奪おうとする邪悪な人間の事実上の存在という文脈において理解されなければならない。

（7）『統治二論』二一〇頁。

（8）もとよりこれはカトリック教徒を指している。

（9）ロックによるこうした「無神論者」観の根底にあるのは、人間の生を拘束する規範の究極的な根拠を神の意志に求め、したがって「神を取り去れば、すべてが解体してしまう」とみなす視点であった。

あとがき

この本の翻訳は、加藤と李との二人による共同作業で行われました。そうなった背景について、簡単にふれておくことにいたします。

両訳者が携わってきた研究領域は同じではありませんし、二人が生きてきた時代状況や置かれてきた文化的背景の違いも決して小さなものではありません。このように専門も個人的なバックグラウンドも異なる両者が、『手紙』の共同訳という仕事に思い至ったのは、両名が深く敬愛し、長年にわたってともに親しくしていただいてきた野沢協先生(一九三〇―二〇一五)との関係に由来する次のようなことからでした。

人も知るように、野沢先生は、『ピエール・ベール著作集』全八巻・補巻一(法政大学出版局)の個人訳に代表されるように、ロックやスピノザと同時代を生きたベールの研究で世界にも例がない業績を残された方であり、また、精神の自由を何よりも大切にされた方でした。両訳者は、こうした先生にしばしばお目にかかり、啓蒙思想から芸術論にいたるまで幅広くお話をうかがい、また意見を交わすという幸運を長年にわたって享受してきました。そうした交流のなかで、私たちは、今回の企画につながる一つの忘れられない経験をしました。

一九九二年の夏、たまたまフランスに滞在していた両名はアヴィニョンで落ち合い、そこから山深く分け入った渓谷の奥に、白い巨岩群に囲まれて外界から切り離されたようにひっそりと位置するある小村を訪ねました。それは、ベールもその一員であったユグノーがカトリックによる迫害を受けて逃げ込んだいわば国内亡命の地の一つであり、野沢先生から、南フランスに行くことがあったら、自分の代わりにぜひ訪問してみてほしいと依頼された場所だったのです。後年、山の上の岩に刻まれた碑文「許せ、しかし忘れるな」が告げるように、凄惨な迫害の歴史を今に伝えるその空間から私たちが大きな衝撃を受けて帰国したことはいうまでもありません。

それ以来、両訳者は、形而上学への批判から道徳哲学にいたる思想のすべてをかけて普遍的な寛容を主張したベールに重なるような仕事を共同で行うことが、野沢先生からともにいただいてきた御厚情にお応えする道であると思うようになったのです。

寛容論の古典であり、ベールの場合と同じように、ロックが自らの認識論と政治学と宗教論とのエッセンスを注ぎこんで完成した『手紙』を共同で訳した今回の作業は、両名のうちで長く続いてきたそうした気持ちの流れからいって、ごく自然なものでした。そこには、二人が先生と共有してきたひそかな思いもありました。両名が『手紙』を翻訳した意図のなかには、野沢先生も心を痛めておられた現代世界を覆う不寛容な状況へのささやかな抵抗の意志を示すことも含まれているからです。

本書を生前の先生に届けられなかったことは心残りですし、私たちの訳業が翻訳の達人であった先生の要求水準にかなうものになっているかどうか不安も大きいのですが、お世話になった二人がまがりなりにも共同で作ったこの本を、心からの感謝をこめて、謹んで野沢先生に捧げたいと思います。

最後になりましたが、この本を出版するにあたって、細やかなお心遣いと的確なご意見とをいただいた岩波文庫編集部の清水愛理さんに、心からの感謝を申し上げます。

二〇一七年　初冬

加藤　節

李　静和

寛容《かんよう》についての手紙《てがみ》　ジョン・ロック著

2018年6月15日　第1刷発行
2019年10月4日　第2刷発行

訳　者　加藤《かとう》 節《たかし》　李《り》 静和《じょんふぁ》

発行者　岡本 厚

発行所　株式会社 岩波書店
〒101-8002 東京都千代田区一ツ橋2-5-5

案内 03-5210-4000　営業部 03-5210-4111
文庫編集部 03-5210-4051
https://www.iwanami.co.jp/

印刷・二秀舎　カバー・精興社　製本・松岳社

ISBN 978-4-00-340078-4　Printed in Japan

読書子に寄す

—岩波文庫発刊に際して—

岩波茂雄

真理は万人によって求められることを自ら欲し、芸術は万人によって愛されることを自ら望む。かつては民を愚昧ならしめるために学芸が最も狭き堂宇に閉鎖されたことがあった。今や知識と美とを特権階級の独占より奪い返すことはつねに進取的なる民衆の切実なる要求である。岩波文庫はこの要求に応じそれに励まされて生まれた。それは生命ある不朽の書を少数者の書斎と研究室とより解放して街頭にくまなく立たしめ民衆に伍せしめるであろう。近時大量生産予約出版の流行を見る。その広告宣伝の狂態はしばらくおくも、後代にのこすと誇称する全集がその編集に万全の用意をなしたるか。千古の典籍の翻訳企図に敬虔の態度を欠かざりしか。さらに分売を許さず読者を繋縛して数十冊を強うるがごとき、はたしてその揚言する学芸解放のゆえんなりや。吾人は天下の名士の声に和してこれを推挙するに躊躇するものである。このときにあたって、岩波書店は自己の責務のいよいよ重大なるを思い、従来の方針の徹底を期するため、すでに十数年以前より志して来た計画を慎重審議この際断然実行することにした。吾人は範をかのレクラム文庫にとり、古今東西にわたって文芸・哲学・社会科学・自然科学等種類のいかんを問わず、いやしくも万人の必読すべき真に古典的価値ある書をきわめて簡易なる形式において逐次刊行し、あらゆる人間に須要なる生活向上の資料、生活批判の原理を提供せんと欲する。この文庫は予約出版の方法を排したるがゆえに、読者は自己の欲する時に自己の欲する書物を各個に自由に選択することができる。携帯に便にして価格の低きを最主とするがゆえに、外観を顧みざるも内容に至っては厳選最も力を尽くし、従来の岩波出版物の特色をますます発揮せしめようとする。この計画たるや世間の一時の投機的なるものと異なり、永遠の事業として吾人は微力を傾倒し、あらゆる犠牲を忍んで今後永久に継続発展せしめ、もって文庫の使命を遺憾なく果たさしめることを期する。芸術を愛し知識を求むる士の自ら進んでこの挙に参加し、希望と忠言とを寄せられることは吾人の熱望するところである。その性質上経済的には最も困難多きこの事業にあえて当たらんとする吾人の志を諒として、その達成のため世の読書子とのうるわしき共同を期待する。

昭和二年七月

《法律・政治》〔白〕

- 人権宣言集 — 高木八尺・末延三次・宮沢俊義 編
- 新版 世界憲法集 第二版 — 高橋和之 編
- 君主論 — マキアヴェッリ／河島英昭 訳
- フィレンツェ史 全二冊 — マキァヴェッリ／齊藤寛海 訳
- リヴァイアサン 全四冊 — ホッブズ／水田洋 訳
- ビヒモス — ホッブズ／山田園子 訳
- 法の精神 全三冊 — モンテスキュー／野田良之・稲本洋之助・上原行雄・田中治男・三辺博之・横田地弘 訳
- ローマ人盛衰原因論 — モンテスキュー／田中治男・栗田伸子 訳
- 第三身分とは何か — シィエス／稲本洋之助・伊藤洋一・川出良枝・松本英実 訳
- 完訳 統治二論 — ジョン・ロック／加藤節 訳
- 寛容についての手紙 — ジョン・ロック／加藤節・李静和 訳
- ルソー 社会契約論 — 桑原武夫・前川貞次郎 訳
- フランス二月革命の日々 —トクヴィル回想録 — トクヴィル／喜安朗 訳
- アメリカのデモクラシー 全四冊 — トクヴィル／松本礼二 訳
- 犯罪と刑罰 — ベッカリーア／風早八十二・五十嵐二葉 訳
- ヴァジニア覚え書 — T・ジェファソン／中屋健一 訳
- リンカーン演説集 — 高木八尺・斎藤光 訳
- 権利のための闘争 — イェーリング／村上淳一 訳
- 民主主義の本質と価値 他一篇 — ハンス・ケルゼン／長尾龍一・植田俊太郎 訳
- 法における常識 — P・G・ヴィノグラドフ／末延三次・伊藤正己 訳
- 近代国家における自由 — H・J・ラスキ／飯坂良明 訳
- 外交談判法 — カリエール／坂野正高 訳
- 危機の二十年 —理想と現実 — E・H・カー／原彬久 訳
- ザ・フェデラリスト — A・ハミルトン・J・ジェイ・J・マディソン／斎藤眞・中野勝郎 訳
- マッツィーニ 人間の義務について — 齋藤ゆかり 訳
- モーゲンソー 国際政治 全三冊 —権力と平和 — 原彬久 監訳
- 現代議会主義の精神史的状況 他一篇 — カール・シュミット／樋口陽一 訳
- 第二次世界大戦外交史 全二冊 — 芦田均
- 憲法講話 — 美濃部達吉
- 日本国憲法 — 長谷部恭男 解説

《経済・社会》〔白〕

- 政治算術 — ペティ／大内兵衛・松川七郎 訳
- ケネー 経済表 — 平田清明・井上泰夫 訳
- チュルゴオ 富に関する省察 — 永田清 訳
- 国富論 全四冊 — アダム・スミス／水田洋 監訳／杉山忠平 訳
- 道徳感情論 全二冊 — アダム・スミス／水田洋 訳
- コモン・センス 他三篇 — トーマス・ペイン／小松春雄 訳
- ロバート・マルサス初版 人口の原理 — ロバート・マルサス／高野岩三郎・大内兵衛 訳
- 経済学における諸定義 — マルサス／玉野井芳郎 訳
- オウエン自叙伝 — ロバアト・オウエン／五島茂 訳
- 経済学および課税の原理 全二冊 — リカードウ／羽鳥卓也・吉澤芳樹 訳
- 農地制度論 — フリードリッヒ・リスト／小林昇 訳
- 戦争論 全三冊 — クラウゼヴィッツ／篠田英雄 訳
- 自由論 — J・S・ミル／塩尻公明・木村健康 訳
- 女性の解放 — J・S・ミル／大内兵衛・大内節子 訳
- 大学教育について — J・S・ミル／竹内一誠 訳
- ユダヤ人問題によせて ヘーゲル法哲学批判序説 — マルクス／城塚登 訳
- 経済学・哲学草稿 — マルクス／城塚登・田中吉六 訳
- 新編輯版 ドイツ・イデオロギー — マルクス／エンゲルス／廣松渉 編訳／小林昌人 補訳
- マルクス エンゲルス 共産党宣言 — 大内兵衛・向坂逸郎 訳

賃労働と資本　マルクス　長谷部文雄訳
賃銀・価格および利潤　マルクス　長谷部文雄訳
マルクス 経済学批判　武田隆夫・遠藤湘吉・大内力・加藤俊彦訳
マルクス 資本論　全九冊　エンゲルス編　向坂逸郎訳
文学と革命　全二冊　トロツキイ　桑野隆訳
ロシア革命史　全五冊　トロツキー　藤井一行訳
空想より科学へ —社会主義の発展　エンゲルス　大内兵衛訳
家族・私有財産・国家の起源　エンゲルス　戸原四郎訳
帝国主義論　全二冊　ホブスン　矢内原忠雄訳
帝国主義　レーニン　宇高基輔訳
金融資本論　全二冊　ヒルファディング　岡崎次郎訳
ローザ・ルクセンブルク 獄中からの手紙　秋元寿恵夫訳
雇用、利子および貨幣の一般理論　全二冊　ケインズ　間宮陽介訳
シュムペーター 経済発展の理論　全二冊　塩野谷祐一・中山伊知郎・東畑精一訳
租税国家の危機　シュムペーター　木村元一・小谷義次訳
恐慌論　宇野弘蔵
経済原論　宇野弘蔵

ユートピアだより　ウィリアム・モリス　川端康雄訳
社会科学と社会政策にかかわる認識の「客観性」　マックス・ヴェーバー　富永祐治・立野保男訳　折原浩補訳
プロテスタンティズムの倫理と資本主義の精神　マックス・ヴェーバー　大塚久雄訳
職業としての学問　マックス・ウェーバー　尾高邦雄訳
社会学の根本概念　マックス・ヴェーバー　清水幾太郎訳
職業としての政治　マックス・ヴェーバー　脇圭平訳
古代ユダヤ教　全三冊　マックス・ウェーバー　内田芳明訳
宗教と資本主義の興隆 —歴史的研究　全二冊　トーニー　出口勇蔵・越智武臣訳
未開社会の思惟　全二冊　レヴィ・ブリュル　山田吉彦訳
社会学的方法の規準　デュルケム　宮島喬訳
世論　全二冊　リップマン　掛川トミ子訳
王権　A・M・ホカート　橋本和也訳
鯰絵 —民俗的想像力の世界　C・アウエハント　小松和彦・中沢新一・飯島吉晴・古家信平訳
贈与論 他二篇　マルセル・モース　森山工訳
国民論 他二篇　マルセル・モース　森山工編訳
ヨーロッパの昔話 その形と本質　マックス・リュティ　小澤俊夫訳

《自然科学》〔青〕

科学と仮説　ポアンカレ　河野伊三郎訳
改訳 科学と方法　ポアンカレ　吉田洋一訳
エネルギー　オストヴァルト　山県春次訳
星界の報告 他一篇　ガリレオ・ガリレイ　山田慶児・谷泰訳
大陸と海洋の起源 —大陸移動説　全二冊　ヴェーゲナー　都城秋穂・紫藤文子訳
ロウソクの科学　ファラデー　竹内敬人訳
種の起原　全二冊　ダーウィン　八杉龍一訳
実験医学序説　クロード・ベルナール　三浦岱栄訳
完訳 ファーブル昆虫記　全十冊　山田吉彦・林達夫訳
増訂新版 アルプス紀行　ジョン・チンダル　矢島祐利訳
数について —連続性と数の本質　デーデキント　河野伊三郎訳
史的に見たる科学的宇宙観の変遷　アーレニウス　寺田寅彦訳
科学談義　T・H・ハックスリ　小泉丹訳
アインシュタイン 相対性理論　内山龍雄訳・解説
相対論の意味　アインシュタイン　矢野健太郎訳
自然美と其驚異　ジョン・ラバック　板倉勝忠訳

ニールス・ボーア論文集1 因果性と相補性　山本義隆編訳

ハッブル 銀河の世界　戎崎俊一訳

パロマーの巨人望遠鏡 全二冊　D.O.ウッドベリー　関 正雄・湯澤 博・成相恭二訳

生物から見た世界　ユクスキュル　クリサート　日高敏隆・羽田節子訳

ゲーデル 不完全性定理　林 晋・八杉満利子訳

日本の酒　坂口謹一郎

生命とは何か ―物理的にみた生細胞　シュレーディンガー　岡 小天・鎮目恭夫訳

行動の機構 ―脳メカニズムから心理学へ 全二冊　D.O.ヘッブ　鹿取廣人・金城辰夫・鈴木光太郎・鳥居修晃・渡邊正孝訳

ウィーナー サイバネティックス ―動物と機械における制御と通信　池原止戈夫・彌永昌吉・室賀三郎・戸田 巌訳

《歴史・地理》〔青〕

新訂 魏志倭人伝・後漢書倭伝・宋書倭国伝・隋書倭国伝 —中国正史日本伝1 石原道博編訳
ヘロドトス 歴史 全三冊 松平千秋訳
トゥーキュディデース 戦史 全三冊 久保正彰訳
ガリア戦記 カエサル 近山金次訳
タキトゥス ゲルマーニア 泉井久之助訳註
タキトゥス 年代記 全二冊 —ティベリウス帝からネロ帝へ 国原吉之助訳
歴史とは何ぞや ベルンハイム 坂口昂・小野鉄二訳
歴史における個人の役割 プレハーノフ 木原正雄訳
古代への情熱 —シュリーマン自伝 シュリーマン 村田数之亮訳
大君の都 全三冊 —幕末日本滞在記 オールコック 山口光朔訳
アーネスト・サトウ 一外交官の見た明治維新 全二冊 坂田精一訳
ベルツの日記 全二冊 トク・ベルツ編 菅沼竜太郎訳
武家の女性 山川菊栄
インディアスの破壊についての簡潔な報告 ラス・カサス 染田秀藤訳
ラス・カサス インディアス史 全七冊 長南実訳 石原保徳編
コロンブス航海誌 林屋永吉訳

コロンブス 全航海の報告 林屋永吉訳
洞窟絵画から連載漫画へ —人間コミュニケーションの万華鏡 ホグベン 寿岳文章・林達夫・平田寛・南博訳
戊辰物語 東京日日新聞社会部編
大森貝塚 —付 関連史料 E・S・モース 近藤義郎・佐原真編訳
魔女 全二冊 ミシュレ 篠田浩一郎訳
ナポレオン言行録 オクターヴ・オブリ編 大塚幸男訳
中世的世界の形成 石母田正
日本の古代国家 石母田正
フランス二月革命の日々 —トクヴィル回想録 トクヴィル 喜安朗訳
日本における近代国家の成立 E・H・ノーマン 大窪愿二訳
朝鮮・琉球航海記 —一八一六年アマースト使節団とともに ベイジル・ホール 春名徹訳
ローマ皇帝伝 全二冊 スエトニウス 国原吉之助訳
回想の明治維新 —一ロシア人革命家の手記 メーチニコフ 渡辺雅司訳
インカの反乱 —被征服者の声 ティトゥ・クシ・ユパンギ述 染田秀藤訳
三国史記倭人伝 他六篇 —朝鮮正史日本伝1 佐伯有清編訳
ヒュースケン 日本日記 —1855〜61 青木枝朗訳
さまよえる湖 全二冊 ヘディン 福田宏年訳

老松堂日本行録 —朝鮮使節の見た中世日本 宋希璟 村井章介校注
北槎聞略 —大黒屋光太夫ロシア漂流記 桂川甫周 亀井高孝校訂
ヨーロッパ文化と日本文化 ルイス・フロイス 岡田章雄訳注
十八世紀ヨーロッパ監獄事情 ジョン・ハワード 川北稔・森本真美訳
東京に暮す —一九二八〜一九三六 キャサリン・サンソム 大久保美春訳
ミカド —日本の内なる力 W・E・グリフィス 亀井俊介訳
増補 幕末百話 篠田鉱造
明治百話 全二冊 篠田鉱造
幕末明治 女百話 全二冊 篠田鉱造
トゥバ紀行 メンヒェン＝ヘルフェン 田中克彦訳
一七八九年—フランス革命序論 G・ルフェーヴル 高橋幸八郎・柴田三千雄・遅塚忠躬訳
ツアンポー峡谷の謎 F・キングドン-ウォード 金子民雄訳
アレクサンドロス大王東征記 付インド誌 全二冊 アッリアノス 大牟田章訳
高麗史日本伝 —朝鮮正史日本伝2 武田幸男編訳
シエサ・デ・レオン インカ帝国地誌 増田義郎訳
インカ皇統記 全四冊 インカ・ガルシラーソ・デ・ラ・ベーガ 牛島信明訳
ローマ建国史 全三冊(既刊上巻) リーウィウス 鈴木一州訳

元治夢物語 —幕末同時代史 馬場文英 徳田武校注

フランス・プロテスタントの反乱 —カミザール戦争の記録 カヴァリエ 二宮フサ訳

ニコライの日記 —ロシア人宣教師が生きた明治日本 全三冊 中村健之介編訳

マゼラン最初の世界一周航海 長南実訳

パリ・コミューン 全二冊 H・ルフェーヴル 河野健二 柴田朝子 西川長夫訳

徳川制度 全三冊・補遺 加藤貴校注

第二のデモクラテス 戦争の正当原因についての対話 セプールベダ 染田秀藤訳

チベット仏教王伝 ソンツェン・ガンポ物語 ソナム・ギェルツェン 今枝由郎監訳